DIRK
BROCKMANN

迪克‧柏克曼 —— 著

譯 —— 彭意梅

U0014429

IM WALD

世界 VⓄR 模型

Unsere komplexe Welt besser
verstehen

LAUTER

從複雜系統觀看自然與社會的運作，建構理解世界的新邏輯。

BÄUMEN

導讀

複雜：被忽略的事實

賴世剛

國立台北大學終身特聘教授／複雜學研究社創辦人

　　我很高興也很榮幸能為商周出版社出版迪克・柏克曼教授的新書《世界的模型》撰寫導讀。柏克曼教授是學理論物理學的，這本書從物理學到生態學以淺顯的文字及日常生活的例子闡述了複雜學的一些概念及用途，是有關複雜學科普作品的好書，值得一讀。以下是我多年來對複雜學研究的一些感悟，與大家分享。

複雜，無所不在

　　自古以來，複雜便無所不在，從最初瞬間的開天大爆炸到今天快速膨脹而且逐漸冷卻的宇宙，從微小的上帝粒子到廣袤的浩瀚星空，乃至於我們生活的周遭環境，都充斥著複雜。可以說複雜就在你我身邊，複雜環繞著你，而你也脫離不了複雜，因為最起碼你的身體便是一個複雜系統。簡單地說，複雜在此指的是難以用簡短的方式來完全描述的事物、現象以及特性。然而幾個世紀以來複雜卻一直被主流科

學界忽略或甚少提及，包括經典物理學以及新古典經濟學。充其量，主流科學界視複雜為異常，而不是正常。這個情況一直持續到上個世紀 1984 年當聖塔菲研究院在美國新墨西哥州成立之後，少數科學家才開始嚴肅地以整體的觀點來探討我們的世界，並稱這種跨學科的研究為複雜性科學或複雜性理論。如今這個新興的科學或理論已經逐漸地被越來越多的科學家接受，並影響了許多社會科學及自然科學的發展，儼然演變成了一場複雜性運動或複雜性革命。

然而，複雜及整體的概念在華人文化中並不陌生，從易經推演的天地人三才到老子道德經講述的天道人道，早已經將複雜融入在天人合一的整體宇宙觀當中。因此，不論西方當下的複雜性運動或是華人數千年以來的整體宇宙觀，都在探索著如何理解複雜世界以及如何在複雜環境中求生存，甚至於蓬勃發展。儘管這兩者的智識根源不同：一為原子論，另一為氣論，它們的共同特點是整體觀，然而同時以科學的方法以及整體的觀點來探索複雜世界，在此姑且稱之為整體科學或複雜學，似乎還是一個尚未被探索的領域。

獨立、相依、相關與思考實驗

建構整體科學需要一些傳統觀念上的轉變，茲僅舉兩個例子大略說明如下。首先，整體科學將焦點放在事物之間的「關係」上，而不是事物之中的「構造」上。如果我們廣義地定義決策為行動的肇因，複雜系統中眾多實體之間的互動關係便不外乎獨立、相依及相關三種

決策關係。以人類至今所能建造最複雜的事物「都市」為例，在都市中人際間的互動係透過決策制定而相互地影響，當某個人制定決策的後果影響了另一個人的決策制定時，我們說這兩個決策是相依的。當這兩個決策制定的後果相互影響了對方的決策制定時，這兩個決策是相關的。除此之外，這兩個決策便是獨立的。都市中龐雜的人際互動網絡雖然看似極為複雜，但是他們之間的關係大致脫離不了這三種類型。其次，這些複雜系統中龐大數量的實體透過這三種關係互動，所形成的不是一個鬆散並且無序的整體，而是自組織的有序結構。

　　想像一個思考實驗。在一個孤島上有一條環島公路，公路上有許多汽車在行駛，在沒有交通控制的情況下，有的汽車靠左行駛，有的靠右行駛，導致車流時常打結。為了使交通能夠順暢，駕駛人根據自身附近的車況不斷地調整左右行駛的方向與速度，最終使得公路上所有的汽車不是靠左行駛，便是靠右行駛，變得井然有序，即使事前沒有人能預測最終所有的汽車究竟是靠左或靠右行駛。在這個自組織的思考實驗中，並沒有外力的中央控制介入，然而系統卻能夠自發地從混亂狀態演變成有序狀態。如果一個外來觀察者乍見這個系統的有序現象，想要推敲這個秩序產生的原因時，受過傳統科學訓練的人可能會認為這種「規律」是該系統與生俱來或外力造成的，這顯然與事實不符，因為這個規律或組織的原則其實是透過系統中許多實體互動所自發突現出來的秩序。

以不同視角理解世界，見樹又見林

　　從上面的兩個例子可以看出複雜學或整體科學對事物及現象的看法與當代以還原論為基礎的科學不太一樣。然而複雜學的發展不在於也不應該取代當代還原論的科學，因為兩者探索的重點及基本前提不同，簡單地說，其主要的差異在於前者見林而後者見樹，前者認為現象或秩序的發生是由下而上突現出來的，而後者卻認為這些現象或秩序的存在是由上而下設計而成的；更何況當代科學經過幾個世紀無數個科學家的努力已經取得了空前巨大的成功，使得它的地位難以輕易地被撼動。儘管如此，我們認為科學探索的取徑不會也不應是絕對唯一的，因此複雜學嘗試以不同的視角來理解這個世界，希望能夠與當代科學互補共存，好讓我們能夠同時見樹又見林。複雜學認為複雜可以也應該作為科學探索的對象，並進而從中提出合理的行動規範。例如，從理論及實務上已證實，當面對複雜時，規劃是有用的行為反應之一。當然，這一切才剛要開始，因為同時以科學方法以及整體觀點來探索這個複雜世界是一個過去未曾或甚少觸及的領域。

擁抱複雜，共同探索未來科學

　　記不清楚是從哪裡讀到兩座山的譬喻：還原論及整體論。其中整體論這座山的山頭被雲層遮蔽起來，使得還原論這座山乍看起來比較高聳，於是登山者便爭先恐後地攀登還原論這座山。等到大夥兒登上

還原論的頂峰時，而且雲霧也散開了，這時登山者才發現對面的整體論那座山更高聳，於是他們便又開始慢慢地往下爬回還原論這座山的山腳下，企圖轉而攀登整體論那座更高聳的山，而這個譬喻也正是複雜性運動或革命的興起所造成現在及未來科學圖像轉變的寫照。譬喻雖然不是科學，但是它們總是能夠提供一些有力的洞察。

　　最後，2021 年諾貝爾物理學獎頒給從事複雜物理系統研究的三位學者是對複雜學的一種最高肯定。讓我們捲起袖子及褲管，在強烈好奇心的驅使下，勇敢地邁開這趟冒險之旅，直接面對並且熱切地擁抱複雜，而不是選擇忽略並且轉身迴避它，進而共同來探索這未知的疆域。

推薦序
從複雜系統認識世界

毛治國

前行政院長／國立陽明交通大學終身榮譽教授

　　這是一本從複雜系統觀點來觀察與認識世界的書。「複雜理論」是一套發展於 1970 年代的新系統科學。牛頓以來的傳統系統論把因果關係視為必然關係，但複雜理論則直指現實世界的因與果之間存在「確定性的混沌」關係；這一「同因異果」的混沌現象，來自各種不同外在環境因素對系統內在因果演化過程的干擾。

　　複雜科學的一個主要貢獻是利用「網絡節點間的連結與分解」，來分析這種「環境─系統」間複雜的互動演化過程；它把生態學的獵食者與獵物數量的消長循環、病毒傳染流行病疫情的擴散與控制，乃至「群體理智低於個人理智」的兩極化民粹社會的形成與演變……等等，看似截然不同的自然與人文現象，都納入一個理論架構內來解讀，並找出它們間的共通規律。

　　複雜系統理論發展近 50 年來已有許多科普文獻介紹，本書是較新的一個版本。不過大部分這方面的文獻內容都有碎片化問題；想對複雜理論進行結構性了解的讀者，可從網路上搜尋本人已發表於《複雜學》期刊的「自組織系統概論」，作為延伸閱讀。

如果你是房間裡最聰明的人,那你就走錯房間了。

——理查·費曼(Richard Feynman, 1918-1988),1965 年諾貝爾物理學獎得主

人類想要為生生不息的地球扛起責任的狂妄態度,在我眼中很可笑,這是弱小無權者的話術。因為是我們的星球照顧我們,而不是我們照顧它。我們膨脹的道德規範,驅使我們去馴服叛逆的地球,或是治癒生病的行星,在在顯示出人類自我欺騙的卓越能力。實際上,我們要保護自己不受到自己的傷害。

我們必須誠實,摒棄人類特有的狂妄自大。並沒有任何線索指出我們是那個無與倫比、特別被挑選出來的物種,而其他的物種都是為我們所創造的。我們也不是最重要的物種,只因為我們最強大,為數眾多又危險。我們執著地誤以為自己特別受到上帝眷顧,這跟我們真實的地位恰恰相反,我們只是一種可以直立行走,既矮小又可憐的哺乳動物。

——琳·馬古利斯《共生行星》(Lynn Margulis, *Symbiotic Planet*)

目錄

一起來

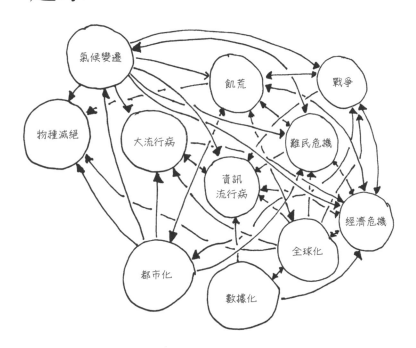

　　歡迎你走進本書的世界。開門見山先跟你說一聲:本書的原名「見樹不見林」(Im Wald vor lauter Bäumen)是一個譬喻,並不是以森林為主題,雖然你也將獲得一些關於森林的知識。本來也考慮過其他書名,像是《寧可複雜也不要完全不簡單》,《像真菌一樣做研究》,《K》,《複雜性》等更多類似的書名。最後我們決定了一個。之所以說「我們」,是因為許多有不同觀點的人參與了這個決定。家人、朋友、出版社、同事、我的編輯、我的經紀人。一個由人建構而成的整

體**網絡**，在這裡**集體地、合作地、協調地**，並帶著**批判眼光**行動。我們的決定有時候**傾向**一個方向，有時候又**傾向**於另一個方向。不過這本書還是由我一個人執筆完成的。

對目錄還有印象的人應該看出來，我把本書的中心主題植入到上一段倒數第二句裡：複雜網絡、協調、臨界狀態、轉捩點、集體行為、合作——這些概念都可以幫助我們更了解這個複雜世界。用一句話來概括：整體的重點在於，一方面要找到大自然中複雜現象之間的相似點，另一方面要認識複雜的社會發展進程，將事件的關聯性建立起來，並從中汲取知識和經驗。

聽起來有點籠統和抽象。所以我舉一個例子：2008 年 9 月 15 日美國的投資銀行雷曼兄弟宣告破產。這家歷史上最大最具傳統的銀行倒閉是全球金融危機的最高峰，而這場危機早在一年前就已經開始，導致股市失血約四兆美元，引發全球金融海嘯。雷曼兄弟留下兩千億美元的債務，還必須在極短的時間內遣散大約兩萬五千名員工。在那之前，像雷曼兄弟一樣的投資銀行有「大到不能倒」的招牌。因為單就這家企業在全球金融市場的分量而言是如此龐大，一般人會認為，政府部門不會放任這樣的企業倒閉，因為其後果嚴重。時至今日，專家們仍議論紛紛，到底是哪些機制和因素引發了這個危機，為什麼沒人預見它發生。這也是為什麼世界最知名的經濟學家如艾倫・葛林斯潘（Alan Greenspan，擔任美國聯準會主席直到 2006 年）也公開解釋，經濟學中通用的理論、看法和方法都不足以反映經濟的實貌。

其實預感早已四處瀰漫。2006 年，也就是全球經濟危機的兩年

前，美國聯邦準備銀行和美國最重要的科學院舉辦了一場座談，與會的人士有來自數學、物理學、生態學和經濟學等領域的科學家和專家。他們齊聚一堂，為了重新思考市場上的「系統風險」，以便更了解在何種情況下，市場的穩定性會被動搖，或是會在短期內癱瘓。生態學中的想法、觀點和理論模型在這場會議裡做出了實質貢獻。從 1970 年代中期開始，生態學聚焦在一個問題上：到底是哪些特性讓生態網絡如此穩固？生態網絡存在了幾億年，在某種程度上足以證明它們的穩定性。生態系統具有高度活力，緊密連結但是彼此互異，它們能很快適應外在條件的變化，也就是具有自適性，儘管經常暴露在破壞性強的外在影響下，還是能恢復平衡。會議上將許多生態學的認知轉入經濟學的文本裡，表面上看來完全不相干的經濟學和生態學因此產生了連結。知名的理論家西蒙・萊文（Simon Levin）和羅伯特・梅（Robert May）稍後在一篇名為〈銀行家的生態學〉（The ecology of bankers）[1] 的短文中探討了許多這種關聯。

　　這種介於看似無關的範疇或是現象之間的橋梁就是本書的主題。西蒙・萊文和羅伯特・梅兩個人是研究生物學和社會現象之間平行相似處最鮮明且最具影響力的科學家，他們影響了一個世代的複雜學學者。他們一個原本是數學家，另一個是理論物理學家，然而他們的重要著作卻是發表在生物學、流行病學、社會科學和經濟學上。

　　當我被問及教育背景或是職業時，我目前的回答是：「我是學理論物理出身的。」我已不再說：「我是物理學家。」為什麼呢？原因很簡單。每一個陳述最重要的不僅是陳述內容要正確，聽到的內容也

要正確。訊息接收者的腦海中也要浮現出正確的畫面。「我是物理學家」這個答案並不能滿足這樣的要求，因為我並不研究物理學中典型的課題。接下來針對我專業領域的問題，我通常回以「複雜理論」，「複雜性」，「複雜學」或是簡單地說「複雜的體系」。這時雙方的對話要不是中斷，就是對方還想知道的更詳盡，那我就送他這本書。

最初我真的是研究理論物理和數學。但是現在我對理論物理的態度，就像我對布藍茲維（Braunschweig）附近的一個小村莊一樣。那裡是我的家鄉，我對它有很深的感情，有時候有鄉愁，很少回去，但是定期去拜訪，我還很了解故鄉的情況，在那裡成長時學會的技能也都還在。我相當早就離開了傳統物理學的範疇，就像我離開了實體的村莊。很快的，在純物理學現象之外，我對其他學科中的物理現象也特別感興趣。我的碩士論文研究哺乳動物的呼吸，呼吸如何受控制等問題。由此衍生出 1990 年代初期我對神經網路的興趣，當時已經可以研習這個科目，但是尚未稱為「人工智慧」，因為電腦的速度還太慢。在我以學成的物理學家身分在生物系取得教席之前，我是美國應用數學的教授。這一切有點混亂。

在神經網路之後，我鑽研眼球的掃視動作。當我們觀賞一幅圖畫或是閱讀的時候，眼球會一陣陣快速移動，因為只有放在視野正中央的東西，我們才能真正看清楚（你可以親自測試一下，把這本書往左或是往右移動一個手掌寬的距離，但是視線仍然保持直視，然後繼續閱讀）。說得更正確一點，其實我們一直都沒有把所有東西看清楚過，只是自己沒察覺到而已。有句英文說 It's all in your head，一切都

是在你的腦中進行。大腦變出一幅完整清晰的圖像給我們看。我們稍後會在書裡討論這個想法。如果做實驗研究人們如何觀賞一幅圖畫，並將眼球掃視作品的運動方向用線條畫出來，會產生一幅表面看起來像是偶然的塗鴉。但是在這幅塗鴉裡卻隱藏著特有的結構，統計學上放諸四海而皆準的規律性，也就是所謂的冪律。我稍後還會再回到這一點。我們的眼睛掃描一幅圖畫，既不是很規矩地從左上方看到右下方（像閱讀一般），也不是讓我們的焦點完全無規律地跳動。我們的眼睛通常會做很多次小型的掃視，很少做較大型的跳躍。這樣的模式也出現在大自然裡完全不同的地方。例如追蹤信天翁在橫越海洋幾公里遠的覓食飛行路線，或是記錄巴西蜘蛛猴在原始森林漫遊的路線，我們可以發現牠們的移動模式跟眼球運動模式形成的塗鴉，在表面上幾乎沒有差異。

　　這個小故事從兩方面解釋了我出書的動機與這本書的主題。一方面跟用眼看、跟新的觀點，以及跟在你的大腦中形成正確的圖像有關。正如同我們用眼的掃視動作將一個觀察到的場景在腦中組織起來一樣。我們將焦點先後專注在一些元素上（小型的掃視行動），然後把它們連結在一起，最後編織成一個整體（大型的掃視行動）。這本書也應該導引你閱讀非常不同的主題和想法，並把其中你意想不到的關聯展示出來。我會在各個章節裡介紹不同的現象：合作、臨界狀態、轉捩點、複雜的網絡、集體行為和協調。如果一切順利，你的腦中應該會自動產生「複雜學觀點下的自然和社會」的畫面，而你也會認識到這些主題的關聯性。

　　二方面，希望你能著迷於這些表面看來非常不同的自然和社會現象之間的關聯和共同性，並想要繼續深究。也許你就跟我一樣。當人們發現完全不同東西之間有連結和關係，尤其是這些關係又隱身在表象的後面時，這種認知具有一些魔力。眼球的運動怎麼可能和信天翁和蜘蛛猴的運動相似？人們又是怎麼發現這些關聯的？它們之間的聯繫在哪裡？我們可以從中得出什麼結論？

　　當初我研究眼球運動，只是想知道人類如何感知周圍的世界，如何將感官印象在腦中組合。當我意識到眼睛的運動模式跟信天翁的飛行路線相似，而且現象的背後顯然隱藏著一個基本定律時，我想到可以測量人類活動模式的點子。那是 2004 年，當時還沒有具備 GPS 功能的智慧型手機。所以我跟當時的同事萊斯・胡佛納格（Lars Hufnagel）和德歐・蓋瑟爾（Theo Geisel）一起研究了超過一百萬美鈔在美國的流向，那是當時很受歡迎的網路遊戲「喬治在哪兒？」（Where's George?）（www.wheres-george.com）的一部分。結果，人類的活動面貌也顯示出非常相似的模式，一個普遍通用的規律性。這個研究讓我更加努力鑽研人類的流動和經由空中交通網散布到全球的疫情。目前，為傳染病的傳播建立模型仍是我研究中一個重要的面向，而新冠大流行也迫使它成為公眾注目的焦點。至於五年後我會研究什麼，我現在還不知道。

　　許多自稱是複雜學科學家的同事們也有類似的曲折經歷，他們研習過不同的科學領域。你在這本書裡將會認識其中幾位科學家。這樣的歷程並非不尋常，在下面的章節中你也會知道原因。

　　這本書的構思在我心中已經醞釀良久。從五年前開始，我在洪堡大學生物系定期開設一堂受歡迎的課「生物學中的複雜系統」。學生通常是來自生物系，但是也有來自許多不同科系的學生。我每年得到的印象是，許多學生對尋找不同現象之間的共通點以及複雜學理論的綜合性出發點感到著迷。

　　最初，這門課對身為大學老師的我是一項很大的挑戰，因為想要更深入了解其中的關聯性，扎實的數學和物理基礎很有幫助，但是我不能把它們當成修這堂課的先決條件。於是我考慮該怎麼樣在沒有數學的情況下教授這門課。為了這個課程，我設計了「複雜性探索」（Complexity Explorables, www.complexity-explorables.org），這是一個互動式的電腦模擬網頁，裡面收羅了來自生態學、生物學、社會科學、經濟學、流行病學、物理學、神經學和其他科學不同的複雜系統並加以解釋。如果無法借助數學，那麼「體驗」系統，跟系統玩會有助益，而互動式電腦模擬在這裡能提供很大的助益。在這層關係上，本書想要將複雜學理論基礎推介給大眾的想法就成熟了。

　　根據我的看法，複雜學正好可提供現今世界實用的觀點和認知。著名的物理學家史蒂芬・霍金（Stephen Hawking, 1942-2018）在 2000年 1 月的「千禧年」訪問中被問到，他預料接下來的一百年內會有什麼變化。他回答：「我認為下一個世紀將會是複雜科學的世紀。」霍金認為，要了解目前的發展和解決這個時代的危機，有一個出發點很有幫助，這個出發點的核心要素是尋找相似點和彼此的關聯，並聚焦在共同點上，特別是介於完全不同科學分支上的共同點。因為我們不

能把天然災害、全球化、經濟危機、大流行病、生物多樣性的消失、戰爭和恐怖主義、氣候危機、數據化的後果、陰謀論等當成獨立現象觀察。因為不僅危機本身很複雜，具有多個層面，而且它們還常常互有牽連。

　　為了解決問題，且更有效地克服目前逐漸形成的災難，我們必須做網絡式思考，必須能認出哪些是核心要件，更重要的是，哪些細節可以忽略。我們必須找出基本機制、模式和規律性。但目的不僅要能

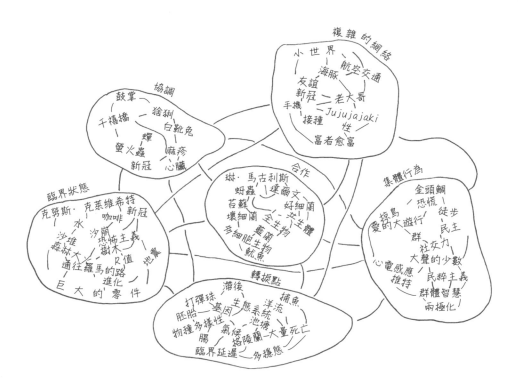

幫助我們對種種現象做單純質量上的描述，如果這些機制、模式和規則除了描述一個系統之外，還能預告一個系統對外在條件的變化會做出什麼反應，則又更有價值。因此複雜學的基礎正好成為傳統科學方法上最有效果的輔助。你將在以下的章節中認識到來自截然不同領域的例子，唯有通過它們的根本規則，才能認出它們之間的相似性。身處在一個把環球知識放在手機裡帶著到處跑的世界裡，我們可以將思考集中在動態的關聯上，不需要再埋首於個別科學和書堆裡。

　　你可以按習慣從頭到尾讀這本書，或是一章一章從後面讀到前面。這樣也行得通。這本書其實是一個網絡，而網絡就像圓圈一樣沒有起點也沒有終點。不過還是建議你先從〈複雜性〉這章開始。其他的章節〈協調〉、〈複雜的網絡〉、〈臨界狀態〉、〈轉捩點〉、〈集體行為〉和〈合作〉則可以按照你的喜好順序閱讀。本書的網絡圖是一個讓你了解主題的粗略地圖。

複雜性

像真菌一樣做研究

科學是信仰專家們的愚昧無知。

　　　　　——理查·費曼（Richard Feynman, 1918-1988），

　　　　　1965 年諾貝爾物理學獎得主

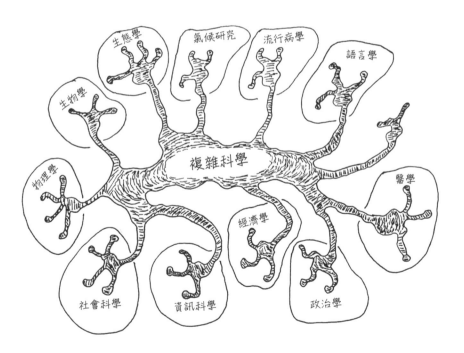

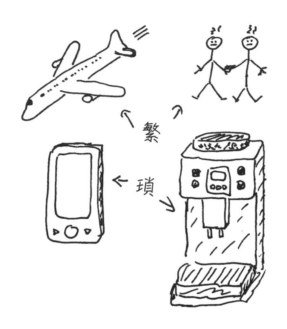

繁瑣

　　我們都知道，日常生活可以很繁瑣（complicated）。咖啡機、民航客機、人際關係、新電話的服務費、報稅，所有的東西都很繁瑣。英文有一個說法 a lot of moving parts（變數太多）。當同一時間有不同的部分在運作，彼此依賴，互相影響，很快會讓人失去對全貌的綜觀，事情就會有點繁瑣了。

　　但是繁瑣（complicated）的東西也複雜（complex）嗎？反過來說，複雜的系統就必然繁瑣嗎？字典上說「複雜」（complex）源自拉丁文（cum ＝互相，plectere ＝編織），所以它意味「緊密連結在一起，

多層次」。一個複雜系統由不同的元素組成，這些元素彼此連結，並且像編織品一樣形成一個結構，但是從單一元素中並不能看出這個結構。例如從鉤針打出網眼也還看不出來毛衣的樣子。「複雜」指的是一個系統，或是一個現象的內部結構，所以是一個客觀的標準。而「繁瑣」則一直跟觀察者本身的領悟力有關。「繁瑣」是主觀的。現象可以非常複雜，但是不繁瑣。

　　一個最簡單的日常生活例子是骰子。擲骰子並且用慢鏡頭觀察，我們可以看到骰子的跳動具有龐大的結構，而且表面上看似難以捉摸，雖然這些運動隸屬於結構非常簡單的牛頓力學。但是這些運動緊密連結在一起，產生了非常豐富的運動模式。擲出來的點數看起來偶然，但是沒有人會認為單一的骰子繁瑣。

　　要想了解複雜系統，最好先從不複雜的東西開始（但只是短暫的）。例如簡單的鐘擺。鐘擺不複雜。它擺動規律，可以預測，有點無聊，而且一點也談不上繁瑣。單一的來回擺動被運用在催眠上，讓我們的意識好像是因為無聊而自動關機。一個非常相似，而且在數學上也不無關係的運動是地球繞太陽的公轉。每年地球繞著太陽轉一圈（近似），這個運動每 365.25 天重複一次。非常簡單，一直轉圓圈。

　　但是如果給鐘擺加上一個關節，整個運動就完全不一樣了，會從一個簡單的擺動變成複雜的雙擺動。類似於擲骰子，雙擺的運動有豐富的結構和美麗的地方，雖然其間的差異只是比單一的鐘擺多了一個關節而已。你不相信？你只要上網搜尋雙擺的影片，很快就能找到。雙擺也是奉行牛頓力學和萬有引力的簡單定律，卻變得很瘋狂：動作

骰子簡單又複雜。

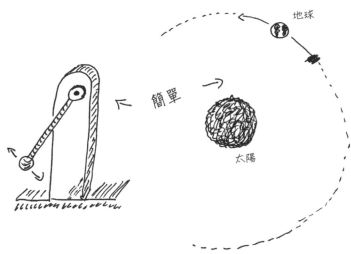

簡單的東西。鐘擺和地球繞太陽公轉。

看起來完全無法預測，有時候交錯，有時候沒有，動作看起來是隨機偶發的。

　　雙擺代表一種複雜系統，雖然它們的動作植基於最簡單的規則，但是卻出人意料地展現出繁雜的結構、特性或是動態。我們可能會預期繁雜的行為也必須具備繁雜的機制，事實卻不然。雙擺表現出來的行為被稱為確定性混沌。混沌系統如雙擺遵從準確的數學規律，這樣的規律原本允許我們用對系統目前情況的認知，計算出未來的任何情況。就像我們能很準確地計算行星在無限未來的運行，例如我們能準確知道下一次，或是未來一萬年，或是更長時間以後的月蝕和日蝕時間。基本上來說，這也必須可以適用在雙擺上，因為我們已經知道運動方程式。但是問題在於：為了能預測未來的系統情況，我們必須知道系統的目前狀況，也就是必須能準確地測量系統。但是測量時一直會有誤差，雖然不斷改良測量方法能減少出錯，但是錯誤不會完全消失。現在我們可能認為，在確定系統的初始狀態時，測量上的一個小錯誤也會導致對未來狀態預測上的小偏差。如果不是混沌系統，例如行星的運行和單擺，情形也是如此。如果我在單擺的角度測量上出現一度的誤差，對未來情況的預測也會有大約一度的偏差。這時，確定性渾沌的特性上場發揮決定性影響。在測量初始狀態時，精準度的錯誤增加，短時間內馬上可以發現預測不正確。一直是這樣，而且是原則和基礎上的問題。一個日常生活上顯而易見的例子是撞球。一開始，15 顆球被排成三角形放在桌上。開球時會用力將一個白球撞進三角形的球堆裡，白球的方向稍稍不同，就會讓擊中的球跑向完全不同

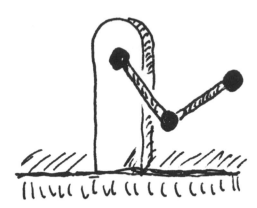

雙擺看起來簡單，但是非常複雜。

的方向，雖然兩球相撞的運動機制遵守簡單的碰撞原則。

　　在大自然裡，確定性混沌是常態，不是例外。另一個例子是天氣預報。測定天氣的方程式和物理是已知的定律，但是天氣的物理變化是混沌的，我們不能計算未來三個月的天氣。大自然裡有很多這樣的系統，就算我們知道運動的規律，但是人們還是無法準確地預測。這有點讓人失望，但是也很美。最終，我們所看到的一切能透過相當明瞭及結構簡單的物理基礎定律確定，但是世界還是充滿了複雜性和不可預測性，一個基本原因在於確定性混沌的特性。

　　但是也可以反過來看：非常繁雜的系統常常也會表現出簡單的行為，但是這些行為在系統的複雜性中不是一眼就能看出來。在複雜學裡人們使用「湧現」（Emergenz）這個概念，形容在看不出表面的原因下，由一團繁雜的混亂中產生出秩序或是結構。如果在秋天觀賞過

一大群歐洲椋鳥在天空飛行，就知道那散發出什麼樣的魔力。我們還會更仔細地探討群體行為（也包括人類的群體行為）。鳥群，還有運動場上觀眾發起的人浪，高速公路上無緣由的塞車，或是社群網路上的風向中，有許多元素本身就已經是複雜且自主（單一的歐洲椋鳥，球迷，高速公路上的駕駛和臉書用戶）地彼此互動，它們獨立做出決定，對外在影響會做出稍微不同的反應。然而從這些系統中會發展出所謂的湧現行為，這是一種群體行為，它們的結構無法從對個別元素的研究中推演出來。這些系統同樣也是複雜的：許多不同的獨立元素按照常常不是很容易看透的規則一起作用，因此產生無法預料的集體行為。而且其中有一個非常典型的情況，這種結構或是動態通常是自己形成的，沒有一個中央單位負責主導整體。複雜系統常常是自組織，沒有領袖也沒有指揮。例如沒有原因的塞車也是自己形成的。

　　疫情大流行時也可以觀察到這樣的過程。我們回憶一下：2019 年末，新冠病毒 SARS-CoV-2 在中國出現，短短幾個星期內散播到全世界。病毒從一個人身上傳播到下一個人身上，旅行者將病毒從一個地方帶到另一個地方。德國第一波疫情在 2020 年 3 月初開展，4 月達到高峰，每天約有 6000 多個新的感染病例，情況很危急。民眾意識到一個全新的危險情況。大家討論戴口罩是否有點幫助，研議封城措施，並施行在政策上。第一波疫情中斷，病例降低，整個夏天疫情都維持在低點。接著出現第二波疫情，跟其他歐洲國家一樣，來勢要比第一波更凶猛。從一開始就有不同的專家發言，克里斯提安·多斯頓（Christian Drosten）和珊德拉·席瑟科（Sandra Ciesek）在 Podcast

上帶領全德國民眾度過這場疫情。由於他們具有專業知識，特別是他們對於自己專業領域之外的科學研究抱持開放態度，成功地用淺顯易懂的語言把資訊傳達給民眾，讓民眾獲得與事實相符，沒有受到扭曲的真相。這份工作非常重要。首先，在疫情開始時，人們諮詢了病毒學家，這畢竟是一個新病毒，必須將病毒歸類，基因定序，確定傳染途徑並研究臨床診療過程。大家對病毒學專家的鑑定也有很大的需求量，羅伯特・科赫研究所（Robert Koch Institut 德國聯邦疾病控制與和預防機構）成了媒體的焦點，不斷向大眾報告病例數和感染率。

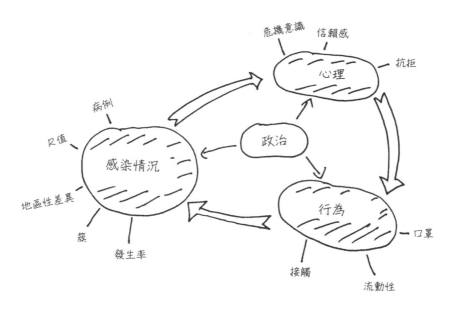

新冠大流行，一個複雜的動態現象。

　　模型建立者往往是物理學家或是資訊工程師，他們研發出預測模型，分析資料並解釋病例數目。他們測量德國境內的流動性，研究新冠病情警報應用程式，讓人們更容易用數位方式來追溯接觸史。專家討論人與人的接觸網絡，「超級傳播者」一度成為關鍵字。而心理學家和行為研究學者則調查新的現象，例如對大流行疾病的倦怠感以及抗拒注射新冠疫苗的態度。疫情流行期間，陰謀論也大行其道，有些人戴著錫箔紙做成的頭盔，新納粹份子和帶有神祕主義的活動者一同抗議遊行。若把大流行病當成一個整體系統來看，它是一個高度複雜，彼此連結，有活力，具生物性、社交性、社會性和經濟性的現象。我們之間的接觸聯繫、社會行為、流動性決定了感染的情況。一言以蔽之，無數的因素聚集在一起，最後像編織成的一張大網影響每個地區、每個國家和全世界的疫情發展。

　　正因為如此，為大流行的疫情披上數學大衣看起來當然很大膽。其中牽涉了太多不確定性，不可預料性以及太多「人為因素」。但是如果將這個現象當成一個整體來觀察，並且運用本書裡介紹的工具觀察，混亂的複雜系統中很快就會顯現出特定的模式。了解大自然中一些不斷重複出現的基本原則會對我們有所助益，例如自動自發的同步現象，或是集體行為如何能在簡單的規則下形成，當一個系統接近轉捩點時會有什麼反應，或者複雜的網絡有什麼特性，互相合作可以扮演什麼角色，合作的行為又是如何產生等等。所有這些主題我都將在接下來的章節裡一一討論。

　　科學精巧的地方在於發掘複雜現象生成的原因以及隱藏在背後

的規則。這裡特別讓人驚訝的是，許多複雜系統，無論我們是在生物學、物理學、社會學、政治學、生態學或是經濟學的關係背景下觀察，它們不少是在類似的基本原則影響下形成的，認清這種「橫向」的關聯並從中得到新的理解和知識，就是複雜學的核心。

複雜學和跨領域思維

　　複雜學，簡單地說「複雜性」，該怎麼理解呢？邁向複雜性的第一步並不是轉向它，而是背向它：脫離傳統的學科領域。換句話說，複雜學學者應該不受學科的控制。由於我的經歷，別人介紹我的時候，一下是物理學家，一下是數學家，偶爾還是生物理論學家，有時候又是生物資訊科學或是流行病學家。我跟許多對複雜系統感興趣的同事一樣，從來沒有固守在一個領域內。其實這已經對複雜系統研究的核心以及研究者的行為做了最好的詮釋。複雜學的本質是跨領域的。

　　這意味著什麼？複雜學是一個領域，卻是一個沒有邊際的領域。它伸入所有傳統學科範圍內，並在那個領域裡發揚光大。對於長期浸淫在那個領域的專家不見得是件愉快的事。許多複雜學專家雖然有特定的研究重點，但是這些重點在他們的學術生涯中也常有更動。他們可以說是學術界的遊牧民族，也許是因為他們對於已知的東西不如未知卻想了解的東西感興趣。費曼，一位二十世紀最迷人的科學家，他是諾貝爾物理學獎得主，也是一位不可思議的良師，他曾經說過：

「如果你是房間裡最聰明的人，那你就走錯房間了。」這句話在某種程度上可以選作複雜學的中心思想。「好奇」就是複雜學學者身體力行的事。

如果想對複雜學勾勒出一個有機體的畫面，那就想像一個真菌。不是人們在樹上或是森林地上看到的真菌子實體（蕈菇），而是想像大多數真菌種類具備的本質，菌絲體。典型的真菌絕大部分是由地底下用顯微鏡才看得到的細毛構成的，它們連結成複雜的網絡，負責輸送養分給有機體。一個蜜環菌的菌絲體可以延綿好幾平方公里。

美國俄勒岡州在 2000 年發現了一個蜜環菌，它的菌絲體面積達900 公頃（3 公里 x3 公里＝9 平方公里），重量約 900 噸，年齡估計有 2500 歲。截至目前為止被發現的物種中，它是地球上最大的單一生物。第二個完美的例子是另一種真菌，多頭絨泡黏菌（Physarum polycephalum），這種真菌屬於黏菌。多頭絨泡黏菌在老舊腐爛的樹幹上形成一張大型黃色的線狀網絡，可以長到幾平方公尺大。線狀網絡將養分輸送到整個有機體。這種真菌有一個有趣的特性，它們僅由一個單一的生態細胞構成，因此可以說是世界上最大的單細胞。多頭絨泡黏菌真正迷人的地方是具備解決最佳化問題的能力。當它平面生長時，它能認出養分特別集中的地方。有機體就會用線狀結構在這些地方建立聯繫管道，讓養分最有效率地抵達有機體的每個部位。大約十年前，科學家在一個實驗室的實驗中，將養分來源根據東京地鐵站的位置微型分布在培養皿中，然後把一個多頭絨泡黏菌植入培養皿。一段時間過後，多頭絨泡黏菌驚人且準確地複製了

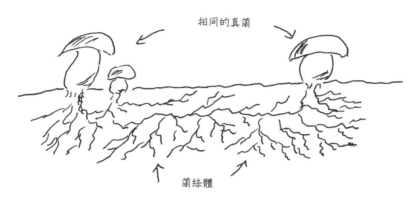

真菌幾乎只由菌絲體構成，菌絲體是長在地底下複雜的真菌組織結構。

實際地鐵網絡的連結。

　　就像蜜環菌的菌絲體穿透森林土壤，多頭絨泡黏菌把具有高養分供給的點和區域（死亡的樹以及有時候是活著的樹）連結在一起。複雜學就是一個穿透傳統學科領域，並將它們連接起來的一個網絡。

　　你可能會懷疑，這個理論基礎冒著風險，把太多精力時間花費在小地方上，而只能提供膚淺的認知。正好相反。路易斯·阿瑪拉（Luis Amaral）正是一個絕佳的例子。阿瑪拉是葡萄牙人，物理學出身。他在芝加哥附近的西北大學任教，我們在那裡一起共事五年。他肯定是全世界複雜系統領域裡獨具風格的科學家之一。如果我們瀏覽他最成功的發表著作，可以看到他對團隊結構和效率的研究、不同足球隊傳球網絡差異的論文、全球航空網絡的第一批分析、科學界和職場上性別不平等待遇的量化研究、人類老化過程研究等更多的研

究。所有這些研究工作對傳統學科如生物學、社會學、經濟學、流行病學和性別研究有很大的影響力。這些研究提供了重要的認知，並且在過去和現在多次為人所引用。一個科學家如阿瑪拉的基本特點是，他的工作是由尚未被解答的問題所決定，而不是由他掌握的知識或是方法來決定。

最好的例子是 2020 年去世的澳洲籍英國爵士羅伯特‧梅（Robert May）。鮑勃是牛津大學動物學系的教授，生前是英國最有名以及風格鮮明的科學家。他長時間擔任皇家協會的主席，皇家協會是德高望重的英國科學院。第一次跟他接觸是我剛取得博士學位的時候。當時鮑勃鼓勵我和我的同事胡佛納格和蓋瑟，將我們對傳染病傳播和全球航空網之間的關聯研究[2]投稿到一個著名的雜誌上。如果沒有鮑勃，我的生命軌跡可能會大不同。2005 年我在柏林舉行的德國物理學會春季會議上遇到他本人。他做了一個演講，報導有關社交接觸網絡，性交對象的頻率分布和「超級傳播者」[3]的研究。這些全不是物理學會議議程上聽眾會料想得到的主題。鮑勃當時 69 歲，算是他學術生涯的秋天。當他以 84 歲高齡去世的時候，〈紐約時報〉在悼文中稱讚他為「不斷向前的宏觀科學家」。鮑勃是很多領域內的先鋒，很早就鑽研生態系統的穩定性，並且在一個劃時代的研究中指出，物種多樣性本身會擾亂生態系統的穩固性（跟當時許多專家的意見相左），因此必須是其他因素來穩定大自然，而不是單純的多樣性（我會在〈合作〉那章回到這個主題）。1980 年代，他和羅伊‧安德森（Roy Anderson）一起創立了傳染病傳播模型這個領域。1976 年他在著名的雜誌《科學》

上發表了一篇文章，名為〈具有複雜動態的簡單數學模型〉（Simple mathematical models with very complicated dynamics）[4]。這篇文章替後來混沌理論的發展以及混沌系統的研究奠定了基石，混沌理論是複雜學初期非常重要的分支。

　　鮑勃的著作總是有一個簡單的標題，並提出簡單的問題。這裡有幾個例子：〈一個大型的複雜系統穩定嗎？〉（Will a large complex system be stable?），〈地球上有多少物種？〉（How many species are there on earth?），〈為銀行家寫的生態學〉（Ecology for bankers）。在他輝煌的學術生涯後期，鮑勃研究金融市場動態。他發現，一方面在交易網絡和金融網絡，以及另一方面在生態系統的交互作用網絡，兩方面之間在動態和結構上具有相似性，並從這些相似性中得出新結論，這些新認知在當時仍未被個別領域的專家發現。例如，他的研究和基礎分析激勵了其他的研究計畫，因此找到特別能讓生態網絡堅固並保持動態穩定的結構特性。銀行間的交易網絡中也能找到這種結構，但是有一個重要的差異，銀行業以成長為目標，因此不可避免地不穩定並崩潰。我們還會再進一步討論細節。

化約論，但要正確運用

　　但是受過訓練的物理學家如阿瑪拉和梅，他們是如何成功地在傳統領域之外獲得這麼多值得重視的新知呢？非常簡單：他們將化約論鋒利的刀鋒以不同的角度切入。傳統上，人們會把複雜系統垂直精細

地分割成不同的單一部分，每個學科和其中的專家研究一個小區塊，但是竭盡全力深入細節。

複雜學理論不同。整個系統不會被分割，訣竅在於認出系統中哪些是關鍵特性，哪些細節可以忽略。這種處理方式，忽略的藝術（也許是最重要的能力），是複雜學向物理學借來的，並應用到其他領域。沒有人能像梅一樣駕馭這門藝術。他尋找本質，看到它，將它抽離出來，然後研究它。像他這樣的科學家和研究者一直隨身攜帶著他們的研究方法包，遊走在生物學、生態學、經濟學、社會學、神經學、心理學和其他許多領域之間。

「整體化約論」的原則是忽略非本質的元素並尋找普遍性。它非常重要，所以我想在這裡舉兩個日常生活中的例子。如果隨意觀察任何人的肖像，我們會發現差異，沒有兩個人長得完全一樣。但是我們也可以問，到底是什麼讓一張臉看起來是一張臉，也就是每張臉的基本特點。我們可以設計出一個「模型」，而得出來的結果就是一個笑臉。

笑臉標誌是一個很好的模型。雖然並不符合現實，但是它告訴我們：眼睛、嘴和頭是必要的。耳朵、鼻子、頭髮、眼鏡、斑點、眉毛、嘴唇、牙齒不是必要的，可以捨棄。同時人們也可以指出連結彼此的元素。如果給我 19 個月大的女兒露看汽車、卡車、吊車、拖曳車、跑車，或是一級方程式的賽車照片，她就說「隆隆」。儘管這些車大不同，我的女兒認出來大部分車的特點，也就是引擎的噪音和輪子。這不只是對共同點的認知而已，後面隱藏了更多道理。以科學眼

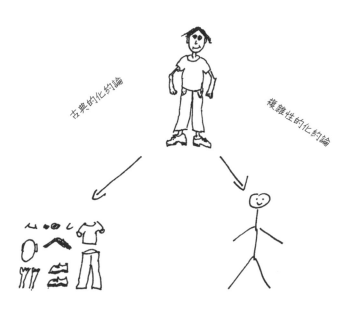

化約論。古典和複雜。

耳朵可以去掉。

光觀察，我們可以從中導出一個普遍的功能。如果把汽車、卡車、跑車和一級方程式賽車縮減到只有引擎和輪子，它們基本上還是能運行。

我們常常會聽到父母對子女說，他們是獨一無二，非常特別。同時，同樣的父母（我們希望是這樣）也傳達出天下所有人都一樣的觀念，人人平等，有相同的權利，不同種族、性別、出身之間沒有差別，膚色也沒有影響。兩個說法當然都正確。從與他人的差異中，可以凸顯出我們的獨特性，從相似點中推演出一致性。但是很可惜，社會上卻常常導出其他不同的結論。種族主義、性別歧視、仇外、戰爭、社會不公：這些現象全都是以差異為論點所得出來的結論。我們賦予物種**智人**（Homo sapiens）一個「特殊地位」也是著重在差異點上，因為智人具備一些特性，例如認知能力，這些特性可笑，不足為道，在我眼中是可以被忽略掉的特性。我們同樣也可以以大象有長長的鼻子為論點，所以可以在自然界享有特殊地位。共同點不僅有聯結彼此的一面，還有更多約束彼此的地方，因為相似的可能性比較少，相異的可能性卻是無限多。現代自然科學之所以進步是透過這些約束。我們試想一下，如果牛頓沒有認出物體掉落和月球繞著地球轉之間的關係，我們或許會對月球如何繞地球運轉，或是人們讓物體掉落時，物體會直線向下加速的現象做出精確的測量；我們也許也會有一套記錄行星運行和自由落體的知識目錄；我們甚至還可能發現，自由落體的加速跟它的體積無關（伽利略已經知道這點）。但是我們不知道自由落體跟天體的關聯，直到牛頓的地心引力理論才將兩者牽上關

係，並限制了其他的可能性。地心引力理論的價值不在於可以計算自由落體和行星運行，而是在這些現象之間建立無比堅固的橋梁。

物理學家

很特別的是複雜學領域中有越來越多物理學家。阿瑪拉是物理學家，梅也是，我們在後續的章節中還會認識其他幾位物理學家。但是為什麼會這樣呢？梅曾經在一個訪談裡說過：「如果你的理論物理基礎打得好，你可以做任何事。」梅並不是要暗示物理學家們無所不知，特別聰明或是智商高。他指的是物理學的訓練打開了一個寬廣的行動空間：你可以「做」任何事。強調的是物理學家可以使用的方法跟工具。

理論物理的特色到底是什麼？物理學的思維方式和其他學科的思維方式差別在哪裡？一提到物理，人們就聯想到粒子加速器、黑洞、愛因斯坦、暗物質、夸克、空間時間和相對論、雷射光。在學校的物理課上，學生必須觀察無聊的圓球滾下斜坡，強記方程式如 F = M×A，學習牛頓定律和光的折射。如果幸運還沒睡著，可以看到老師用范德格拉夫起電機製造閃電，或者讓一位同學的頭髮豎立成一座小山。這沒有什麼特別，大部分的人不會因此而嚐到物理學背後真正的果實。理論物理學有一個中心議題：對事物追根究柢，並**同時**以鳥瞰的角度觀察這些事物。將隱藏的東西，看不見的事物挖掘出來研究。而實驗物理正如其名做實驗。蘇納・雷曼（Sune Lehmann）（我

們還會知道更多他的理論）曾經跟我說：「物理學家向某個東西開槍，看看會發生什麼樣的結果。」理論物理將現象抽絲剝繭，一步一步直搗本質。運用到的工具有數學、測量、思辨。還有：**耐心**。大部分的人失去對物理學的興趣，或者更糟糕的是，他們覺得自己的「物理和數學」不好，沒有天分，因為他們給自己的時間太少。耐心和毅力是最重要的條件。有一回，我想跟傑佛瑞·韋斯特（Geoffrey West）解釋一個模型，他是著名的粒子物理學家，複雜學家，前任美國新墨西哥州聖塔菲研究所（Santa Fe Institute）所長。會談開始時，他請我一步步慢慢地解說，他是一個思考非常緩慢的人。在理論物理學中，如果想要了解某樣事物就會不計一切代價。要問是否值得，那是一個禁忌。

在其他科學裡，理論和實驗很少能平起平坐。愛因斯坦在他的廣義相對論裡已經預言，人們一定能觀察到重力波，這是在我們時間空間中傳播的波浪，當時因為科技不足無法證明。等了一百年後，才在2015 年取得證據。在許多其他的科學領域中，理論在當前扮演的角色分量更輕微。但是情況並非一直是這樣。想想看達爾文，一位影響深遠的科學家，他在長期的環球旅行後，透過對大自然的觀察撰寫了進化論。雖然進化論不像理論物理一樣，是先用精確的數學公式寫成的，但是從思考模式而言，進化論是一個「物理」理論，因為它深究事物的原因，用簡單的規則來描寫變化。物理學理論研究首重變化、動態，我們周圍的一切都在運動。但是運動卻是非常難以捉摸。一會兒是「這樣」，過一會兒是「那樣」。你想一想。

　　除了把數學當工具，用數學建立抽象的模型外，人們很早就從物理學中學會了忽略的藝術，這門藝術在複雜學中非常重要。當人們在物理學中研究一個系統時，常常要研究不同的力量，它們發揮作用並影響情況的發展，人們測量這些力量，試著估算這些力量的影響力，然後排除那些無關緊要輕微的影響力。複雜學家也正是應用這種工具在其他領域上。

數學和模型

　　數學從過去到現在一直都跟理論物理學攜手合作。過去偉大的理論物理學家不少也是數學家。目前的情況也是如此。人們很容易忘記，在牛頓那個時代，即使是一百年前，數學被當成工具應用在其他學科上的機會比現今還頻繁。德國文豪歌德懂數學，從音樂家巴哈的樂曲中可以清楚地看出來，巴哈也懂數學。卡爾‧弗里德里希‧高斯（Carl Friedrich Gauß）被許多人稱為有史以來最偉大的數學家，早年先是想學語言學，能流利地說好幾種語言，對語言學和文學感興趣，對數學也是。李昂哈德‧歐拉（Leonhard Euler，歐拉數即是以他命名）對音樂理論有研究。17 世紀末牛頓和哥特佛萊德‧威廉‧萊布尼茲（Gottfried Wilhelm Leibniz）先後獨立發明了微積分，這是數學裡的一個範疇，卻改革了整個科學界。瑞士數學家丹尼爾‧白努利（Daniel Bernoulli）後來接著把微積分的方法應用在實際問題上，但不是應用在物理學，而是流行病學上。那個時候，學術界對天花疫

苗展開激烈的爭論，有贊同者，也有反對者。白努利看了數據表並設計出一個簡單的數學模型，根據這個模型來回答關於疫苗的問題[5]。安德森・麥肯德里克（Anderson McKendrick）是一位蘇格蘭的軍醫，1920 年代為流行病發展出一套數學模型，它的核心基礎至今仍被沿用[6]。我們常常認為數學模型、公式和方程式是為了「計算出某些東西」或是做出準確的論述。但這只是事實的一半。數學在應用上的基本意義，主要在於整理思緒，讓它更精準明確，並有系統地使簡化、忽略和抽象的過程更容易。

　　新冠疫情期間公開討論了不同的數學模型。其中當然也有複雜的數學電腦模型，它應該要運用所有的細節，將一個現實的情況忠實地呈現出來，並盡可能準確地做出預測。數學模型適用的現象，在於人們基本上已經了解其機制，也知道它的「方程式」和規則，只是無法用筆和紙來計算。對於我們還不了解，尚待解密的現象，數學模型正可以幫助我們找出哪些元素是屬於本質的，哪些元素是屬於邊緣的。

為什麼複雜學研究在今天這麼重要

　　科學界的地圖上每個層面都畫滿了界限。就好像德國是由不同聯邦組成的，每個邦又管轄城市和縣，之下又分為鄉鎮。科學界有自然科學、人文科學和政治學等等。自然科學又分為物理學、化學、生物學、生態學、地質學和無數其他的學科。大學的教席現在分得非常專門，以至於擁有教席的教授在專題研究上感到有些受限制。這樣的發

展在某個程度上來說是無可避免的，因為不同的領域累積的知識越來越多，即使在一個小的領域內，幾乎也不可能掌握最新研究的概況。康拉德‧洛倫茲（Konrad Lorenz）曾經說過，專家知道的知識越來越少，直到他們一無所知為止。學生們很早就有專攻的領域，也越來越少有時間去涉獵別的科學領域。於是發展出一種學術的侷限性，這種現象很不好，尤其是想要了解複雜現象的時候。

　　我們再回到新冠疫情的例子，這個現象正好不能單獨運用病毒學或是流行病學的方法和專業知識來理解，因為人的心理過程扮演一個角色、人員的流動和接觸網絡、人類行為、政治動態，所有的因素都環環相扣。因此來自不同專業領域的專家們坐在一起交流他們的知識，互相解釋應該考慮哪些事實、哪些因素會有影響時，第一眼看起來也許很有意義，而且還要「互相聆聽」。原則上這是有幫助的，但是如果參與者對其他學科的「語言」和思考方式不理解或不甚理解的話，偶爾也會困難重重。在德國參加過與十幾個教授一起討論複雜的跨領域主題座談的人知道，座談的模式常常設定成「發送」而不是「接收」，因為人們比較喜歡教導別人，而不是自己學習。但是溝通不只是在傳遞知識，而是在交流觀點和思考模式。在這個地方常常有不同的世界互相撞擊，「聚焦於一點」的科學家通常覺得他自己那一小塊領域的認知特別「龐大」和「重要」。如果用這種態度來觀察一個複雜的現象，會得到一個扭曲的事實。舉一個簡單的例子：拿同一張臉的素描給攝影師、香水製造者和一個政治人物看，他們可能會根據自己的職業對這張圖有完全不同的感知，他們會賦予臉上不同部位不同

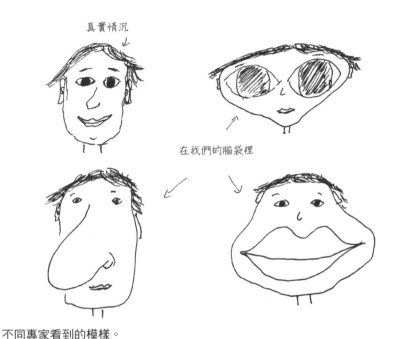

真實情況

在我們的腦袋裡

不同專家看到的模樣。

的重要性。我們腦袋裡的這些卡通形象是非常自然的，受到我們所關注的事情所影響。

　　為了避免這種失真的情況產生，在自己的專業之外，偶爾也去其他領域逛逛並接受別人的觀點是非常重要的。

　　在德國，自然科學和人文科學之間的鴻溝特別深，它們缺乏溝通和交流。正是因為交流少，彼此也不說或是不了解「對方」的語言，以至於偶爾會發生一種情況：一個領域內的新發現很可能會受到另一個領域的熱烈迴響，但是他們卻毫不知情。

　　很幸運的是，有一個小改革逐漸在開展。越來越多科學家替自然科學和社會科學牽線，他們萃取不同現象共有的基本機制和通用規律。複雜學尤其是重要的推手，它不在乎界線和腦袋裡的卡通人物，所以複雜學很重要，它架設了橋梁。

　　目前全世界有幾個研究所遵循複雜學理論的跨領域出發點和哲學，把重點放在聯結傳統的學科上。著名的美國新墨西哥州聖塔菲研究所裡有一群差異很大的科學家們一起工作，他們找尋介於生態學和經濟學、大自然進化過程和語言學、衝突研究跟動物集體行為之間的關聯。芝加哥西北大學複雜系統研究所（Northwestern Institute on Complex Systems）是我過去任職的地方，在不同的計畫中我跟政治學者、社會學家和語言學家共事。義大利杜林市（Turin）成立了科學交流研究所（Institute for Scientific Interchange），研究的主題如數位流行病學、網絡研究和大腦研究，均在同一個屋頂下進行。複雜性科學中心（Complexity Science Hub）在維也納成立，研究重點有健康、加密貨幣金融、城市科學、經濟物理學，學者用研究方法聯結不同的領域。複雜學顯然很晚才來到德國。很可惜，這裡的人尚未將這些想法內化。跨領域思考不太流行，也還不為眾人所知。這也許有文化的因素，我們腦中或許還存在太多界線，差異的分量還是大於共同點。但是現在可能正有所轉變，我們殷切盼望它的到來。

協調

五個節拍器、一塊木板和兩個飲料罐與成功的股票經紀人之間的共同點

出於某種原因我們很喜歡同步行動。

——史蒂芬·斯托加茨（Steven Strogatz）

　　2000 年 6 月 10 號在倫敦不是個普通的日子。在延遲了兩個月之後，施工兩年的千禧橋（Millennium Bridge）開通了。這座長約 325 公尺的行人徒步橋是南北走向，橫跨泰晤士河，連接了市中心和倫敦南部，是連結北部的聖保羅大教堂和南部的泰德美術館中間的一直線。千禧橋被視為世紀更替時一項備受重視的建築大事。由全球知名的英國建築師諾曼·福斯特（Norman Foster，柏林德國國會大樓的玻璃穹頂就是出自他之手），和著名的雕塑家安東尼·卡羅（Anthony Caro）以及頗負盛名的奧雅納（Arup）工程師事務所聯手打造。他們

都不是新手。這座橋被設計成吊橋,但是鋼索不像一般垂直掛在高聳的橋柱上來負擔橋面的重量,而是水平的。這樣的構造目的在讓橋看起來像是「光刃」,福斯特想藉此表現兒時對科幻片角色飛俠哥頓(Flash Gordon)的記憶,電影中有一個場景,飛俠哥頓從他的劍裡射出一種光刃越過峽谷,可以讓人走在上面橫跨峽谷。現在這座真的橋可以同時承載將近五千個行人的重量。啟用儀式營造得非常熱鬧,6 月 10 號大約有十萬個倫敦居民和遊客漫步通過這座橋。但是兩天以後,這座橋被封閉了。

　　發生了什麼事?通橋典禮那天許多行人跨越這座橋,突然間,整體橋身結構以均衡的節奏左右水平搖擺,大約一秒一次。事後確認這座橋向每個方向的搖擺幅度達 7 公分左右。此外走在橋上的人從來沒有超過 2000 人,遠低於結構能承載的重量。而且不只橋在搖晃,所有行人也突然搖搖擺擺地以同一個步伐行走,因為他們要平衡橋身的擺動不讓自己跌到。目擊證人在訪問中說,在搖晃的橋上保持平衡特別困難。建造者當然知道,一大群人以整齊劃一的步伐過橋是很危險的,因為橋身會震動。但是為什麼會發生這樣的情形呢?過橋行人一開始的步伐也不一致啊!腳步一致的情況是當橋身晃動了以後才出現的。

　　6 月 10 號證人觀察到的情形被稱為自發性的同步現象,也就是當混亂的運動狀態在沒有外力干預或是協調下,自然產生的一種同步運動的秩序,並不是經過一連串不太可能的偶發事件造成,而是必然會發生。這種從無到有自發產生的動態秩序,起先看起來很神祕,就

像著名的荷蘭科學家克里斯蒂安・惠更斯（Christiaan Huygens, 1629-
1695）在一封給他父親的信上寫的一樣，這封信被視為第一個觀察到
自發同步現象的記錄。惠更斯是他那個時代歐洲形象最鮮明的科學
家。他是數學家、物理學家和天文學家，他製作了傑出的望遠鏡，並
發現土星的衛星泰坦，還創立了光是波動現象的說法，總體來說他就
是一個天才。惠更斯也很著迷於時間的測量，與鐘錶師所羅門・寇斯
特（Salomon Coster）一起組裝了第一批擺鐘。這些擺鐘非常精確，
一天之內只有十秒的誤差，在當時是難以想像的準確。製作精確的時
鐘獲利特別豐厚，因為航海時有準確的時間才能確定經度，惠更斯為
他的擺鐘申請專利。在給父親的那封信中[7]他提到：

「我被迫好幾天待在床上，觀察我的兩個新擺鐘所產生的
完美現象，這不是任何人能想像出來的。這兩個鐘掛在牆上，
間隔兩到三英尺，它們的鐘擺以高度準確性同步擺動，從來不
會背離彼此。我想，這兩個鐘擺之所以會如此做是因為彼此有
一種親切感，因為如果我中斷它們的同步動作，讓它們的擺動
不一致，半個小時後它們又同步擺動並保持不變。」

惠更斯對這個效應很入迷，他開始研究在什麼條件下會發生這種
自發性的同步現象。如果他把兩個鐘掛在牆上的距離擴大，它們就不
會同步。如果把兩個鐘固定在一根木頭上，再把這根木頭放在兩張椅
子的椅背上，它們就會同步。

克里斯蒂安‧惠更斯的鐘擺椅子實驗。

　　想要自己證明這個迷人自發性同步現象的人，可以用幾個節拍器，一塊長約 50 公分的薄木板和兩個空的飲料罐做下列的實驗：將節拍器以 10 公分左右的距離排一排固定在木板上，再將木板放在橫躺在桌上的飲料罐上，把所有節拍器上的節拍重量調在大約相同的節拍頻率上，然後打開節拍器。它們最初是不協調地亂打拍子，但是幾分鐘後節拍器的擺針會同步擺動。如果此時把木板小心地從罐子上拿起，然後放在桌上，節拍器就會亂了步調。只有當木板的底座再度回到可移動的兩個罐子時，節拍器就好像是被鬼動了手腳一樣又恢復同步。如果你不想自己動手做，也可以在 YouTube 上搜尋「節拍器同步」（Metronom Synchronisation）就可以看到不同影片證明這個作用。

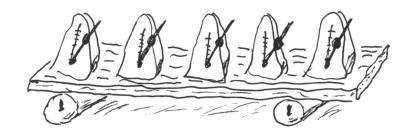

可以在家做的同步實驗

上述三個情況：千禧橋和行人的晃動，惠更斯的擺鐘以及節拍器，都是同一個機制在發揮作用。我們用千禧橋的例子來解釋：當行人不是同步過橋時，橋身多多少少會隨機向這個方向或是那個方向晃動幾毫米的距離。這是來自外在的影響如風力和行人許多零碎腳步的推動，因為任何結構都是能稍微活動的。這些最細微的搖晃不會被察覺，但是會讓個別行人的行進模式有非常微小的變化。在行人完全沒有感知的情況下，他們不同的行走節奏變得稍稍相似了，因為所有人自動自發嘗試去平衡橋身輕微的晃動，這不僅又增強了橋身的震動，還接著再次同化了行人走路的方式。這種回饋過程逐漸增強，直到整個橋身搖晃，所有行人同步行走為止。在可移動的木板實驗中，每個節拍器都對整體結構的水平運動發出微小的力量，這個水平動作又輕微地改變了其他節拍器的節奏，牆上的擺鐘也是如此作用。

白靴兔，猞猁，螢火蟲和蟬

　　這樣的現象在大自然中或是在我們行為上到底有多常見呢？為了回答這個問題，我們必須先弄明白，必須具備哪些條件才會產生同步現象。基本上需要動態元素，它們能擺動並且有自己的節奏，也就是自己不斷重複一個動作或是一連串不同的狀態。這在大自然中有節奏和擺動的地方是很典型的：地球繞著太陽轉，月球繞著地球轉，地球繞著自己轉。太陽黑子以 11 年的週期出現在太陽上。植物和動物適應了白天和黑夜的週期。但是生物有機體的晝夜規律絕對不可能只受到外在刺激的決定。相反的，大部分動物，甚至不同的單細胞動物都有內在的生物時鐘，它們適應了日夜的規律。生物時鐘的影響力有多大可以從時差體驗到。生物時鐘常常需要好幾天才能調整到另外一個時區。實驗中將動物隔離於外在影響之外，動物還是跟隨生物時鐘保留日夜的節奏。

　　在整個生態系統裡也能觀察到擺動現象，最著名的例子是北加拿大的掠食者與獵物系統。那裡住著加拿大猞猁（Lynx canadensis）和白靴兔（Lepus americanus），白靴兔是猞猁偏好的食物。從 1845 年到 1935 年間，牠們的群體大小隨著時間順序顯示出一個很明顯的十年週期，這個現象很早就讓生態學家和生物學家感興趣[8]。為什麼這兩個物種的群體數目隨著一個特定且非常規律的節奏變化呢？

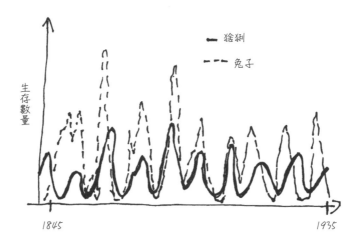

90 年間加拿大猞猁和白靴兔群體數量的動態

　　1925 年和 1926 年奧地利裔美國籍的化學家和保險精算師阿弗雷德·洛特卡（Alfred Lotka）和一位義大利數學家暨物理學家維多·沃爾泰拉（Vito Volterra）建立了一個簡單的數學模型，可以用來解釋猞猁兔子系統的擺動現象，並指出這種長期的擺動現象在生態系統裡是很典型的情況。所謂的洛特卡－沃爾泰拉模型至今都還是理論生態學中許多數學模型的基礎。

　　基本上猞猁和兔子群體數量的擺動是這樣產生的：當猞猁的數量少時，兔子可以無憂無慮地繁殖，牠們的群體數量可以說是在毫無控制的情況下增長，因為缺乏捕食牠們的天敵。當兔子逐漸增多時，猞猁則可以好好地繁殖，因為食物充足，兔子的數量又會因此大幅度減少。但是當猞猁繁殖多到沒有足供捕獵的食物時，猞猁的群體又會接

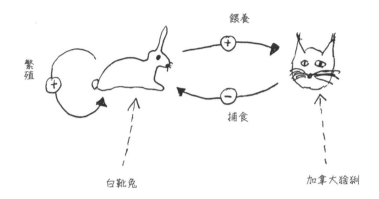

加拿大猞猁和白靴兔數量的動態可以概述為活化抑制系統。

著萎縮。這樣的過程每十年重複一次。人們將這種系統機械性地稱為
活化抑制系統（Activator Inhibitor System）。兔子是這個例子中的活
化劑，因為牠促進猞猁的繁殖。而猞猁是抑制劑，因為牠抑制了兔子
的繁殖。

　　加拿大猞猁和白靴兔的掠食者與獵物系統中的擺動範圍綿延好幾
百公里，也可以視作地理上的同步現象。我們把整塊地區在想像中分
成較小的區塊，裡面各有一定數量的猞猁和兔子，起初每個小區塊的
亞群體數目會以獨立於其他地區的節奏擺動。但是把棲息地擴大後會
逐漸形成同步擺動的現象，因為白靴兔和猞猁會從一塊棲息地遷徙到
鄰近的棲息地。這樣的交流會使個別地區的擺動同步化。

　　許多自然棲息地，特別是在歐洲，會被分割成小塊，例如修築大
馬路和開墾都會將棲息地分隔開來。從生態學的觀點上看，將土地分

割得支離破碎是一大問題，因為如果一個物種在一個被分隔開來的棲息地中絕種，其他棲息地上同一物種的個體無法遷徙過來。這種延續物種的遷徙現象叫做救援效應（Rescue Effect），而它是生態系統裡一個重要的穩定因素。因此現在有越來越多的生態橋，也就是特別為野生動物在高速公路上建造的陸橋，再度連接起以前被分開的棲息地。但是人工建造連接棲息地的管道也可能會造成反效果，兩個獨立的棲息地在自然環境中，只會顯示出微弱且不受彼此影響的擺動，就像惠更斯牆上兩個距離較遠的掛鐘一樣。如果連接兩塊棲息地，動物可以自由來往兩地，可能會讓兩個棲息地的動態同步發展，並造成一個物種的群體數目巨幅動盪。物種滅亡的可能性因此提高，連接棲息地的結果反而跟人們原本想達到的目的背道而馳。

我們現在前往馬來西亞去看另外一個完美的同步現象例子，準確地說是去雪蘭莪河的河口。如果沒下雨，人們可以在日落後體驗到獨一無二的自然美景。坐船順流而下，河岸斜坡上的樹林突然會有千萬個光點閃爍，這些短暫閃爍的綠光不會長於十分之一秒。大約過了半個小時會出現罕見的奇特景象：本來雜亂無章閃爍的光點會變成一整片的閃光，所有小光源一齊同步了，整片森林以每秒 3.7 次的頻率放出刺眼的綠色閃光。看起來像是失控的聖誕節巨大燈飾，實際上這個閃光是生物的傑作。樹木葉子的尖端聚集了成千上萬的馬來西亞螢火蟲（Pteroptyx tener）[9]。這種螢火蟲的雄蟲用快閃的綠光來吸引雌蟲。所有螢火蟲的生化機制是一樣的：牠們在尾部分泌一種化學物質，叫做螢光素（Luziferin）。經過一層層的生化反應，每個分子最後會發

周期蟬

馬來西亞螢火蟲

昆蟲的同步現象

射出帶綠光的量子。這一點當然不能解釋為什麼馬來西亞成千上萬的
螢火蟲同時發出跳動的閃光。尤其在其他的物種上我們看不到這樣的
同步現象（只有一個例外），而且也還沒有釐清這種同步現象在演化
上是否會替螢火蟲帶來某些優勢。

　　學界對這個現象有不同的理論，例如同步發光可以分散天敵的
注意力，或是更能有效地吸引雌蟲。也許這就是天性，是系統動態得
出的結果。螢火蟲逐漸同步發光跟千禧橋上的行人類似，這個事實說
明，所有的螢火蟲稍微將自己的節奏配合別人，而整體螢火蟲都是按
照類似的原則，是一個不可避免又穩定的發展。同步情況會一直持續
到凌晨，第二天晚上整個過程又從頭進行一遍。這場表演讓人印象深
刻，去馬來西亞觀光時不妨親自體驗一番。

　　另一個更讓人吃驚的例子是北美洲周期蟬（Magicicada）[10]的同
步行為。這種蟬的幼蟲在地底待 13 年或是 17 年，然後同時鑽出地
面，最後一次羽化成蟲，交配，並在產卵後死亡。這在北美非常廣大

的地區，每 13 年或是 17 年精確地重複一次。只有這兩個時間間隔，沒有其他的周期。這個同步的求生策略原因很簡單，如果蟬鑽出地面的次數少，但是每一次卻有一大堆蟬同時出現，那麼蟬的數目就多到無法被牠的天敵例如小鳥完全消滅。但是為什麼偏偏是 13 年或者 17 年一個周期，為什麼同一個物種有兩個不同的周期給不同的群體，而且為什麼剛好是大的質數呢？專家解釋：這樣可以保證，13 年周期的群體和 17 年周期的群體很少會在同一年鑽出地表，因為這只有每 221 年才會出現一次。如果一個群體真的完全被掠食者消滅了，另一個群體在幾年後比較可能有新的機會。

　　周期蟬在另一個地方跟同步現象也有關係，一樣令人著迷。在交配的年度，北美的樹上可以發現數以千計的周期蟬，牠們發出規律的蟬鳴，就像雄性螢火蟲發出有節奏的閃光一樣，蟬的雄蟲同步鳴叫以吸引雌蟲，在鳴叫聲中也可以觀察到起振階段，群體需要這個階段來達到同步的狀態。

人體的同步現象

　　顯然同步現象的機制很穩定，並深植於自然現象的動態中，因此在生物系統中到處都可以發現它的蹤跡。我們人類沒有同步現象也不能生存，例如所有哺乳動物的心臟只能透過快速同步過程正常運轉。人類的心臟一生大約跳動 20 億次。

　　每一次心跳會有一個電脈衝傳遞過心臟組織，刺激心肌收縮發揮

幫浦的功能。但是這個電脈衝是從哪裡來的呢？心臟有一個非常小的區塊，所謂的竇房結（Sinus node, Sinusknoten），那裡有大約一萬個特殊的心臟肌肉細胞，也就是心律調整細胞。這些肌肉細胞像神經細胞一樣發送電脈衝給周圍的細胞。心律調整細胞必須同步「開火」才能引發一連串的電脈衝促使心肌收縮，它們的訊號必須同步通過心肌，同步現象的基本規律在這裡保障心臟一生運作無誤。但是大家也知道心臟可能會有失誤，心房顫動時會危及生命，因為心肌細胞跳動不協調且不同步，心肌不是以整體的形式進行收縮，以至於無法發揮幫浦的功能。心房顫動特別嚴重時，可以用強度的電擊恢復原本的心跳節奏。

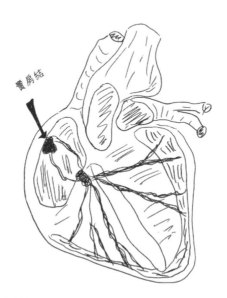

竇房結產生的電脈衝會引起心肌收縮。

　　同步現象常常是不可避免的過程，我們可以從同步現象也會給相關者帶來負面影響中看出。人腦由幾十億彼此相連的神經細胞組成，它們透過電脈衝交流，處理我們的感官印象和思考。通常帶電的腦部活動不是同步的，當腦部並行處理資料時，沒有理由讓所有細胞同時放電。實際上，在腦的許多部位，互相刺激的腦細胞和互相抑制的腦細胞是處於平衡狀態。但是這個平衡也可能受到干擾，導致促進同步現象的正面刺激訊號占上風，癲癇發作就屬於這種情況。非常多的神經細胞同時放送電流訊號，它們同步放電，造成腦的負荷過重，然後出現癲癇症狀。

人與人之間的同步現象

　　在人與人相處的日常生活中也能體驗到同步現象。音樂會結束時，觀眾通常以掌聲來答謝音樂家的演出。不少時候，尤其是在傑出的音樂會結束後，轟然爆發出來的不同步掌聲，會在最短的時間內變成同步，然後逐漸加快速度，直到掌聲再度此起彼落為止。有時候這樣的過程會在謝幕時重複好幾次。跟到現在討論的例子不一樣，有節奏的掌聲看起來雖然是自動形成同步，但是不會停留在同步狀態。

　　羅馬尼亞的理論物理學家佐爾坦・奈達（Zoltán Néda）和他的同事想知道更具體的詳情，想了解到底發生了什麼事，因此他們在全世界不同的音樂廳對掌聲進行了測量[11]。他們指出，在掌聲趨於同步的過渡時間裡掌聲的頻率降低了，也就是每個人在同一個時間單位內拍

手的次數減少了。觀眾想經由同步動作讓聲音變大反而達到反效果，因為在較低的頻率下，產生的訊號總數也變少了。因此觀眾下意識地逐漸提高拍手頻率，這又減弱了同步現象的力道，所以又轉變成不同步的掌聲。

　　同步行動到底能不能為我們人類帶來好處？科學家謝爾蓋・薩維達（Serguei Saavedra），布萊恩・烏茲（Brian Uzzi）和西北大學複雜系統研究所的科學家凱薩琳・哈格蒂（Kathleen Hagerty）研究了這個問題，他們調查股票經紀公司的數據[12]。這家公司裡有 66 個股票經紀人，每天頻繁買賣股票。每個人負責不同的交易範疇，並沒有直接的競爭關係，但是公司會按照他們的表現，也就是獲利來評比。這 66 位員工一段較長時間的所有交易過程被記錄下來。為了積極有效地獲利，他們必須得到最新發展的相關資訊，因此他們不斷消化新聞以便做出正確判斷。這 66 位員工在公司內部也有很好的聯繫網絡，透過電子即時通訊系統在手機或是電腦上分享消息。每位經紀人的目標是減少資本損失的風險，並且提高獲利。面對新資訊時，他們必須先解決一個兩難局面。如果比其他人的反應快，承擔的風險是最大的，因為等於是頭一個率先破冰。如果反應太慢，別人就已經利用了反應迅速的優勢。透過公司內部網絡可以看到個別員工如何對資訊交流做出反應，個別經紀人的行為又是如何互相影響，科學家們可以運用這些資料加以分析。他們指出，受試者根據內部和外部的交流，行為有超出平均水準以上的同步現象，也就是說他們多多少少同時買賣股票，但是事前並沒有約定好。單單這個現象還沒有那麼讓人驚訝，這個研

究的關鍵成果是，同步行動人員的平均獲利比較少參與同步過程的同事來得高。

傳染病的動態

節奏和同步現象在傳染疾病的動態中也扮演類似重要的角色。1984 年的一個研究中，數學流行病學家羅伊·安德森（Roy Anderson），布萊恩·葛蘭菲（Bryan Grenfell）和羅伯特·梅（Robert May）研究了英國腮腺炎、麻疹和百日咳的時間序列[13]，研究涵括的時間橫跨幾十年，並追溯到還沒有全面施打疫苗的年代。研究結果可以指出，麻疹的流行每兩年有一次高峰，而腮腺炎和百日咳的週期很明顯的是三年一個輪迴。一個較晚的研究以這些資料為基礎（並加長了十年的資料）顯示[14]，不同地區的麻疹病例曲線同步並跟隨兩年的節奏。研究者想知道 1968 年引進麻疹疫苗後的結果。首先，麻疹的感染人數平均降低了，這是一個好現象。但是由於較低的病例數目，同步效應也跟著減弱，兩年的周期因而中斷，這又導致在某些年度麻疹的病例平均高於從前，一直等到施打疫苗的比例明顯提高後，麻疹的病例才下降。

新冠疫情期間，每當病例暴增，不同國家就實施封城措施來減少感染病例。政治家和學者們激烈討論，究竟是溫和但是較長時間的封城比較好，還是短暫但嚴格的封城好。基本上所有措施的目的都在減少接觸的次數，讓新冠病毒不再那麼有效地傳播。

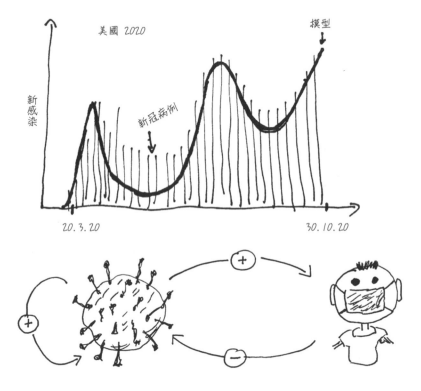

2020 年新冠大流行的動態從長的時間刻度來看，可以詮釋為活化抑制系統。

　　總是要等到病例增加形成一波疫情高峰的時候，政策才會做出反應（很典型太晚了），然後民眾減少與他人的接觸。如此一來，病毒不能再暢行無阻，病例隨之下降。病例人數降低又會成為解封的動機，解封又造成病例上升，如此循環不已，描述為溜溜球封城會很貼切。病例數上下擺動，也就是在不同國家觀察到的第一波、第二波和第三波疫情，跟解釋猞猁白靴兔的洛特卡－沃爾泰拉模型的動態完全吻合。物理學家班傑明·邁爾（Benjamin Maier）透過一個簡單的模型說明，許多國家有好幾波疫情，他們的病例曲線可以用簡單的回饋機制來說明和描寫。這個模型也顯示疫情可以透過高強度，但是短時間，尤其是同步的措施有效控制下來。但是很可惜，德國雖然已經經歷了三波疫情，決策者仍不明白這個道理。他們的反應總是太晚太慢，引用了與其他國家的錯誤對比，不了解基本機制，因為負責人缺乏認知，波浪型的動態其實是一個簡單的活化抑制動態的結果。如果人們早有這樣的認知，極有可能會採取不同的措施。例如採取較深入，但是為時較短的封城措施會更有效，因為它能讓病例數目明顯降到一個範圍，然後同步現象的效應會減少，因為不再出現地區性的傳染，同步動態鏈就會被打破。

同步現象中的數學

　　上述描寫的同步例子，發生在極為不同的領域內，只是許多同步系統中的一小部分。我們不禁要提出一個問題，是否是基本規律在這

裡發揮作用，這個基本規律又是什麼？所有這些不同系統中的擺動如何能產生同步現象，同步現象又為什麼常常看起來是不能避免而且非常穩定？為什麼某些系統會自動產生同步現象，其他的系統不會？

1975 年日本物理學家藏本由紀（Yoshiki Kuramoto）建議使用一個簡單的數學模型，這個模型以他命名為藏本模型[15]。藏本並不想發展一個只能描繪同步現象的模型，他想發展出一個包含本質元素和必要元素的模型，可以描寫現象且從中獲取認知，並能普遍適用於所有的同步現象。所以他必須加以抽象化。

他的模型把個別的振盪器抽象地描寫為「帶有一個指針的鐘」，這些「鐘」的時間每一個都不一樣。如果分開來看，每一個指針都可以用自己的速度移動。學術用語將振盪器的「時間」稱為「階段」，指針的速度稱為階段速度。只有當不同的振盪器互相反應時，它們可以影響彼此的階段速度，讓對方或煞車或加速。

藏本由紀指出，當元素的個別階段速度彼此差異不大，再加上每一組裡有足夠的振盪器，或是它們的交互作用夠強時，振盪器就會開始同步。雖然這個模型很抽象，而且結構也很簡單，但是它能非常仔細地描寫真實的同步現象和預測同步現象的條件。藏本模型得到一個重要認知是：大部分的情況不是「全有」就是「全無」。振盪器要不是完全同步，要不就是繼續不同步。如果改變模型中的一個參數，例如振盪器彼此相連的強度，首先不會有什麼變化。但是突然在一個關鍵點上，振盪器就自動同步了。在很多真實的系統中我們也觀察到了相同的情況，並在許多實驗中證明了這一點。在〈集體行為〉那一章

我們會在人類的行為方式上再度發現這個「全有或全無」的現象。藏本模型簡單描繪出來的同步情況的必然性和穩定性，以及許多跟隨這個模型的預測所發生的例子顯示，在自然或是社會過程中，如果其中有振盪或是擺動的元素以某種方式互相影響，那我們可以預計某個時刻所有的元素都會做同樣的事情，而且必須如此。這是一個非常重要的認知，因為我們不需要再花時間和精力為此尋找錯綜複雜的解釋，這就是天性。

2005 年史蒂夫・斯托加茨（Steve Strogatz），丹尼・阿伯拉姆斯（Danny Abrams），艾倫・麥可羅比（Allan McRobie），布魯諾・艾卡爾德（Bruno Eckhardt）和艾德・歐特（Ed Ott）展示了一個稍作變化的藏本模型來解釋千禧橋晃動的原因[16]。在他們的模型中，每一個行人是一個「振盪器」，每個人都有自己特有的節奏，也就是步伐頻率，吊橋被描寫成笨重的鐘擺，難以撼動。科學家逐漸提高電腦模擬中的行人數目，以達到某個特定時間點在橋上停留的人數。橋首先沒有任何動靜，但是在某個關鍵人數以上，模型橋開始晃動，行人也因而接著同步，也就是以同一個節奏行走，行人的同步再度強化了橋的晃動。這個模型在這裡可以預先告知，自動同步現象不是隨著橋上行走人數增加而逐步增強的，而是在超越某個門檻時突然開始的。這也是我們在千禧橋上觀察到的現象。我們之後會在〈臨界狀態〉那章回到這個主題上。

或許我們可以反駁，藏本模型以及其不同變種模型的成功還不能證明，所有同步現象真的都能追溯到數學原理。這個模型只能預測，

在特定條件下同步現象完全可以自動發生。實際上這個模型還能做出更精細的陳述，讓我們也可以在真實的系統中觀察到，並在實驗中加以檢驗。例如我們重複節拍器的實驗，並且很精細地測量聲音的定時，我們會發現節拍器在同步的情況下有相同的頻率，但是「敲打」的時間稍稍有些不同，這個現象叫做階段位移。藏本模型能準確地預測階段位移是如何分布的，並且能在不同的系統中實驗證明。

　　我們可以從中學到什麼呢？一方面我們從例子當中，另一方面更多是從數學模型裡學到最重要的認知是一個事實：同步現象是一個基本的自然過程，在這個過程中可以從混沌雜亂的情況自動產生一個集體的動態秩序，完全自動自發，背後沒有一隻手在主導安排，這同時只是許多這類型機制的其中一種，我們會在接下來的章節介紹一些其他的原則。螢火蟲、心律不整、癲癇和一波波的新冠疫情的同步現象基本上是遵守簡單的數學規律，甚至是必須遵守它，這是自然過程內在的小魔法。如果同步現象的力量在這裡還不能說服你，那就打開收音機，聽一點音樂並跟著跳舞。但是不跟著節奏跳。

複雜的網絡

為什麼你認識的人認識的朋友比你還多

　　所有的人與人中間只隔了其他六個人。分隔六步，這是介於我們和所有其他這個星球上的人之間的距離。

　　　　　　　　──艾伯特－拉斯洛‧巴拉巴西（Albert-László Barabási）

　　在我的女兒漢娜和莉莉還是小孩子的時候，我們有時候會用網路上的維基百科玩一個有趣的電腦遊戲。如同大多數的網路文本，維基百科上的文章是超文字。這表示：一篇發布在網上的文章不只提供關於某個概念的資訊，文章裡還同時有參考其他文章的超連結，內容跟原始的關鍵字相關。例如關於「下薩克森邦」（Niedersachsen）的維基百科文章包含有參照「布藍茲維」（Braunschweig）和「艾姆」（Elm）的超連結指引，點進連結就會被帶到相關的文章去。我們可以把維基百科想像成文章組成的巨型網絡，由超連結互相連結。網絡語言將被連結的元素稱為「節點」，彼此間的聯繫稱為「連結」。當兩個節點彼此連結，我們稱之為「鄰居」。德文維基百科總共有大約 250 萬節點和 2600 萬左右的連結。維基百科是德國前十大最常被造訪的網路平台，也是全球前 50 名內唯一一個非商業性質的平台。

　　這個遊戲開始時，每個人要想出任意兩個盡可能不相干的概念。唯一的條件是這兩個概念必須是維基百科上的條目，例如「巫婆的鍋」和「腸道菌群」、「歐巴馬」和「牛肝菌」，或者「鞋帶」和「太空梭」。遊戲的目標是在網絡的節點（也就是維基百科的條目）之間找到連結鏈（一連串的連結），讓我們從一個概念連結到另一個概念。如果想找「巫婆的鍋」和「腸道菌群」之間的連結路線，一台具備高效搜尋演算法的電腦當然可以在轉瞬間找到最短的路線，沒有電腦程式會困難點，但是比想像中容易。在任意兩個條目之間我們幾乎都能找到路線。在「巫婆的鍋」條目裡能找到一個通往「子宮」的連結，然後在子宮的條目下有一個連結接到「腸」，在那裡當然有「腸道菌

群」的連結。這條路線是這樣生成的：巫婆的鍋→子宮→腸→腸道菌群。「歐巴馬」和「牛肝菌」之間的路線是歐巴馬→德國→菌類→牛肝菌；「鞋帶」和「太空梭」之間的連結鏈是鞋帶→嘻哈→美國→美國國家航空暨太空總署（NASA）→太空梭。如果你不相信可以試試看。試著把「蘋果」和「手電筒」連接起來。

這些例子顯示，儘管維基百科裡有龐大的超連結數，我們還是能毫不費力地在任意兩個條目之間找到一條路徑。這在好幾個方面上來說很特別：第一，因為我們必須在網路上 2500 萬個連結中想辦法找出正確的組合；第二，這群龐大的連結數只體現了所有潛在超連結的 0.00004%（因為如果所有條目都彼此相連，維基將會有 6 兆個連結）。另外，更讓人驚訝的是，大部分找到的路徑都相當短。我們討論的例子中，路徑都只有三到四步，為什麼如此？為什麼我們從「鞋帶」到「太空梭」不需要走上一百步或甚至一千步？「鞋帶」和「太空梭」畢竟是兩個真的非常不一樣的東西，更別提「歐巴馬」和「牛肝菌」了。

小世界效應

相對年輕的科學「網絡科學」（Network Science）能對此和其他許多我們理智上無法理解的現象提出解釋，短途徑的原則被稱為小世界效應。它描寫了複雜網絡的一個典型特色，不管這個網絡是生物網絡，科技網絡還是社會網絡，網絡常常是既大又小。大是因為它可以

由好幾百萬的節點和連結組成，小是因為它的直徑很小，比如直徑決定訊號或是資訊在網絡傳播的速度。但是我們要怎麼計算一個網絡的直徑呢？例如臉書，全球航空網或是所有人類的朋友圈直徑？一個常用的方法是：我們（藉助電腦演算法）觀察所有兩個節點之間的最短途徑（也就是步伐數），然後計算它們的中間值。蕾卡・艾伯特（Réka Albert），鄭河雄（Hawoong Jeong）和巴拉巴西，他們全都是網絡研究領域中的先鋒，在 1999 年用這個方法測量了全球資訊網，並計算當時大約有八億個網頁的互聯網直徑[17]。得出的結果是 18.59 ！也就是說，在互聯網上要將兩個任意的網頁聯繫起來的途徑，平均需要 19 個連結。

　　他們三個人當時發現了網絡節點數和直徑之間一個重要的數學關聯，許多複雜網絡的直徑跟節點數成**對數性**成長。這表示：直徑要增長一個單位，不能只提高恆定的節點數，而是要提高**恆定的因數**，也就是要使節點數倍數成長。拿一個有 500 個節點，直徑是 5 的網絡當作例子。我們或許會認為需要 600 個節點讓直徑提高到 6。實際上我們需要的是 5000 個節點，也就是因數 10。如果要讓直徑再提高一個單位到 7，我們就需要 50000 個節點。

　　藉著普遍性對數定律的幫助，艾伯特和她的同事們可以預測，當節點數擴大到 80 億網頁時，全球資訊網的直徑會如何變化：它的直徑只會從 19 提高到 21。如果把節點數變成十倍，直徑不會像我們想得一樣變成十倍，只是增加了大約 10% 而已。

　　所以互聯網內的路徑很短。我們人類的情況又是怎麼樣呢？我

們把人類想像成涵蓋全世界的朋友網絡。如果我們請每個人把他們所有的朋友、親戚和熟人列在一張單子上，我們會得到一個網絡，裡面大約有 77 億個節點以及 500 億到 7500 億個連結。這個網絡的直徑是多少？所有網絡科學論點主張這個網絡的直徑也很小。早在一世紀以前，匈牙利的作家佛里傑許・卡林迪（Frigyes Karinthy）在短篇故事《小世界問題》（*Kleine-Welt-Problem*）中就曾加以描述並假設，全世界隨便兩個人可以用最多六步的路徑連在一起。這個「六度分隔」（six degrees of separation）的假設甚至也傳到了好萊塢。演員凱文・貝肯（Kevin Bacon）在 1994 年一個訪問中說，每一個好萊塢明星不是直接跟他一起工作過，就是跟另外一個曾和他一起拍片的明星合作過。兩個大學生還因此發明了一個多人遊戲「凱文貝肯的六度分隔」。電影迷必須靠記憶計算出任意一個演員所謂的貝肯數，那些曾跟貝肯一起合作過的演員得到貝肯數一，還沒有跟貝肯合作過，但是跟其他曾經和貝肯出現在同一部電影的演員合作過的人得到貝肯數二。我們可以想像好萊塢工作人員的人際網絡真的很強，而且聯繫的路線很短。但是我們很難直接查明，所有人類的熟人網絡直徑是否也短到只有六左右。不過現今的社交網絡如臉書，Instagram 和 Twitter，或者通訊網絡如 WhatsApp 和 Telegram 可以當作參考依據。

　　2012 年臉書有大約七億兩千一百萬用戶，由六百九十億的連結銜接在一起，平均每個人有 95 個臉書朋友左右。同一年，約翰・烏干達（Johann Ugander）和加州史丹佛大學的同事計算了臉書的直徑 [18]：兩個臉書用戶的平均距離當時是 4.74。如果我們用對數公式推算 77

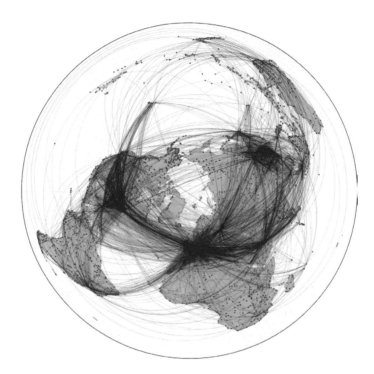

全世界的航空網絡縱橫全球

億人口，結果真的能達到所有人是「六度分隔」的這個假設範圍。

　　小世界效應不僅只是一個有趣的特性而已，它還有巨大的影響力，因為有很多的過程是在網絡中進行。當新冠 2020 年春天在全球蔓延時，我們就親身體驗到了小世界效應所產生的結果。全球航空交通網在這裡扮演了一個關鍵性的角色，沒有其他的網絡像它一樣讓我們深刻感受到大家是靠得這麼近。全球航空網連結了將近 4000 個飛

機場。2018 年有超過 30 億的旅客搭乘大約 51000 個直航班機旅行，所有飛行旅客的旅程加在一起，每天大約有 140 億公里的航程，這個距離相當於我們太陽系半徑（從太陽到最遠行星海王星的距離）的三倍。14 世紀歐洲大陸鼠疫猖獗，以波浪形式從南歐蔓延到斯堪的那維亞，每天的傳播速度大約是 4 到 5 公里，而新冠肺炎在全球的傳播速度要快上一百多倍。在速度因素上相當於行人跟超音速飛機之間的差距。與此類似的情況是，我們也知道當前消息、資訊、圖片，當然也有假消息和陰謀論在社交網絡以及現代通訊網絡傳播的速度有多快。

海豚和智慧型手機

除了這個普遍的小世界特性外，許多生物、社會和科技網絡還有其他的基本特性會影響到傳播現象或是其他動態過程。有幾個特性可以從一個非常特別的網絡上看得很清楚：道佛峽灣海豚的「朋友圈」。道佛峽灣風景如畫，峽灣長約 30 公里，深入紐西蘭南島的內陸。水域居住了一群海豚，群體數目不大，很好掌握，而且自成一體與世隔絕。生物學家大衛・盧索（David Lusseau）和他的同事在 2003 年公布了一份研究 [19]，他們分析了這群大約 60 隻海豚的社會網絡。道佛峽灣海豚不是一直全部都在大團體中行動，但是也不是獨行俠。牠們通常把時間花在小團體上，但是小團體的組合會變換。科學家花了 7 年時間觀察海豚是以何種群體組合行動。只要觀察到兩隻海豚一起，就會被記錄下來，並用數據組成一個網絡。每個網絡節點

代表一隻海豚，如果兩隻海豚在一起的次數比統計學上的預測還更
多，牠們之間就會加上連結。如果我們把整個網絡視覺化馬上可以發
現，不是所有道佛海豚「可以」跟其他海豚好好相處，網絡常常形成
模塊。網絡中，節點彼此聯繫很強的部分稱為模塊（Module）或是
「簇」（Cluster），一個節點的連結數目稱為節點度。海豚網絡有兩個
強大的簇，簇中間的連結比較少。有些個別的海豚比其他的海豚社交
性強，與別的海豚的連結比較多。另外一些個體則比較喜歡邊緣的位

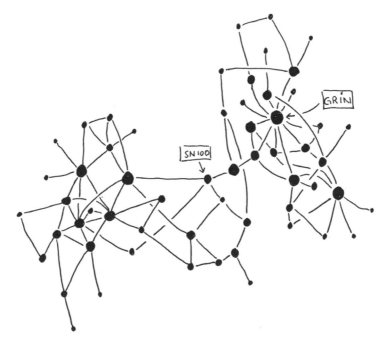

道佛峽灣海豚的社交網絡圖像化。節點度越大，象徵性的黑點也就越大。海豚
Grin 的連結最多。SN100 扮演仲介者的角色，連結了左右兩個簇。

置。海豚的社交網絡也顯示，一個節點的兩個「朋友」常常彼此也是朋友，就好像「我的朋友也就是你的朋友」這個道理。此外也有「仲介者」將兩個簇聯繫在一起。

但是海豚的網絡特性是典型的，甚至具有普遍性的嗎？我們人類的接觸網絡又是什麼樣子呢？我們如何能掌握這個網絡呢？2014年年初我去丹麥理工大學（DTU）做客，針對「大流行病在全球航空網上的傳播」這個主題做了一個演講。是一位同事，也是朋友，丹麥理大的教授蘇納‧雷曼邀請我去的。我在美國與他共事時就認識他了。蘇納跟我一樣也是學理論物理出身的，但是在新的研究領域「計算社會科學」（Computational Social Science）工作，這個科學範疇的研究結合了資訊科技和社會科學。他具體主要研究社交網絡的結構。當我們正在他的辦公室討論一項共同的科學計畫時，走進來一個學生（蘇納的門一直是開著的）。他們倆用丹麥文短暫交談了一會兒，然後學生交給蘇納一個智慧型手機。蘇納從書桌底層的一個抽屜裡拿出一個鞋盒，讓我嚇一跳的是，鞋盒裡有巨額現金（事後確認：大約有相當十萬歐元的丹麥克郎）。蘇納拿出一疊錢，數了一定數目的款項交給學生，學生友善地道別離去。

因為我不了解他們的談話內容，所以物品和金錢的交換讓我有點摸不著頭緒。回想整個情景，我想了一下，蘇納是否有可能在幹一檔牟取暴利的非法副業，以至於要在沒有上鎖的書桌抽屜裡存放這麼多錢。蘇納把紙盒再度收起來，轉頭微笑看著我：「我以後得另做安排，現在還沒有時間處理。」顯然因為看到我困惑的表情，蘇納跟

我解釋這件事的來龍去脈，整件事情跟靈敏 DTU 計畫有關，蘇納在2010 年為了研究社交接觸網絡的結構而推動這項計畫，並在往後的幾年造成轟動。

　　跟海豚類似，在人類接觸的網絡中，節點代表每個個人。兩個人之間的連結決定他們的接觸有多頻繁，或是近距離相處的次數。他們測量人們什麼時候面對面站著、坐同一張桌子、一起跳舞，或是一同坐在沙發上，或是在捷運相鄰而坐。接觸網絡在實務上當然很難測量。純就理論而言，我們必須追蹤一大群人，觀察他們，並記錄下他們跟其他人的每次約會、每次交談、每次共進的午餐、每次在公車上、在家裡或是工作中的偶然相遇。

　　蘇納選擇了另外一條完全不同的路線。他用聘任談判中保證可以得到的公款先訂了 1000 隻智慧型手機，然後跟他的研究助理阿卡迪歐斯「阿雷克」・斯托普欽斯基（Arkadiusz »Arek« Stopczynski）一起把手機加裝上特別為實驗設計的軟體，並分派給丹麥理大的 1000 個學生。這個軟體的設計是以每 5 分鐘的節奏，記錄下每個人所有的活動。記錄以及收集資料的時間長達好幾個月，其中也包括在社交軟體如臉書上的通訊、透過手機 GPS 訊號測量到的活動和逗留的位置、電子郵件交流、即時通訊和簡訊。所有的一切。除此之外，手機還可以透過藍芽交換彼此訊號，並確定是否有其他靈敏 DTU 手機在附近。如此一來，科學家也可以掌握受試者之間的接觸，如果兩個受試者在幾公尺的範圍內停留的時間較久，他們的手機就會把這次接觸記錄下來並存在資料庫裡。2020 年新冠病毒流行期間，許多國家使用的

新冠警報應用程式正是運用這個技術，用來追溯危險的接觸史和可能的感染源。

　　當然所有參加靈敏 DTU 的受試者都被詳細告知，也知道他們在這場實驗中會像玻璃人一樣被科學家透視。科學家可以「看見」他們喜歡在哪裡吃飯、跟誰是朋友，甚至跟誰睡在一張床上、關係什麼時候開始，又什麼時候破裂。在德國，私領域和隱私權的原則不僅受到社會，也受到個人的高度重視，這樣的研究項目當然會讓人搖頭。這個實驗的內容實際上就跟電視實境秀《老大哥》（Big Brother）沒兩樣，幾個月下來，每天 24 小時測量並量化一大群人的社會行為，跟大型網路企業谷歌和蘋果一樣，可以收集並評估所有透過手機記錄下來的個人活動。但是有些微卻很重要的差別。第一，這些科學家沒有商業目的，跟大型網路公司不一樣的是，這些受試者的個人化數據既不會用來做生意，也不會拿去賺錢。丹麥理大的團隊從一開始就建立了一個透明的基礎架構。蘇納的基本想法是建立一個透明的實驗室，允許受試者能觀察所有的過程、評估和結果。受試者必須每天公開他們的數據，也就是不斷主動有意識地提供一天的數據記錄。儘管結構非常公開、明確、強調參與，但是在德國還是無法想像能進行這樣的實驗。在丹麥，我個人的印象是人們對彼此的信賴感比在德國大，蘇納鞋盒裡的十萬歐元也可以證明這一點，因為我後來才發現這些錢是手機的押金。

　　靈敏 DTU[20] 可以測量並量化社交網絡結構中無數個重要的特性，而我們的接觸網絡對於感染疾病的傳播以及病毒如 SARS-CoV-2、流

行性感冒和麻疹的傳染特別重要，因為許多病毒是在說話和咳嗽時經由飛沫或是氣溶膠，從一個人傳到另一個人身上。當蘇納身邊的科學家第一次將記錄了幾個月的網絡接觸頻率視覺化並加以分析了以後，他們找到了跟道佛海豚網絡驚人的雷同處。大學生的網絡一如預期，不是所有人都跟其他人都有同樣頻繁的「聯繫」。丹麥理大的大學生中也有較小的簇，簇裡面的成員彼此共享許多連結。簇的形成顯然是社交網絡一個非常典型的標記。

網絡中的簇是如何形成的？

簇普遍出現在不同的社交網絡中，這說明很可能是相似的機制在運作。但是會是哪種機制呢？2007 年，四個芬蘭人尤西・昆普拉（Jussi Kumpula），尤卡－培卡・歐乃拉（Jukka-Pekka Onnela），賈里・薩拉邁基（Jari Saramäki），基莫・卡斯基（Kimmo Kaski）和一個匈牙利人亞諾斯・科特茲（János Kertész）為此建立了一個簡單的模型[21]。他們的 Jujujájaki 模型（按照發明者的名字命名）顯示，社交網絡中是如何很自然並且自發的形成網絡。這個模型假設網絡是動態的，節點可以改變它們的連結。除此之外，有些新的節點會加入，有些節點也會和它們的連結一起從網絡中消失。模型中的一個節點，我們姑且稱它為節點 A，可以選擇另外一個偶然出現的節點 B，並與 B 建立一個新的連結（如果兩者之間還沒有連結的話）。若是節點 B 還有其他的鄰居，例如節點 C，那 A 有一定的可能性也會跟 C 建立

起一個新的連結。B 等於是仲介了 A 和 C 之間的連結。至於一個節點是否能讓其他兩個節點連結在一起，端看已經結交的「朋友們」之間的聯繫有多強。這個模型執行一種像是信賴這樣的機制。我們隨便從任何一個網絡開始，用 Jujujájaki 模型的演算法進行運算，網絡會發展演變自動生成簇，跟真實的社交網絡類似，但是只有當信賴的機制夠強的時候。

　　這個認知對數學流行病學特別重要。這個領域很多年前就在發展數學模型，用來描寫流行病的傳播和發展曲線。因為沒有堅實的數據基礎，所以引用不同的假設到這些模型中。傳統模型常用的一個假設是群體具有同質性。從統計學上來看，群體裡面所有個體的行為差不

Jujujájaki 網絡模型解釋社交網絡中連接緊密的局部性簇是如何形成的。左邊的網絡顯示一個隨機網絡剛開始還沒有結構的外型。將 Jujujájaki 模型的動態規則運用在這個網絡上，自動會產生局部性連接緊密的簇，是真實社交網絡的典型現象。

多相同，尤其是把前提設定為群體「混合」得很好，也就是說所有人跟其他人的接觸機率是相同的，如果把群體當作網絡來看，表示所有節點互相連結。雖然這與人們的常識相違背，但是為了能用數學分析模型，這種簡化的假設常常有其必要性，我們只能希望簡化的假設對最後的結果影響不要太大。即使我們能把較複雜的接觸網絡結構融入模型，並能分析這個較為真實的模型，但是到目前為止還是缺乏關於接觸網絡結構可以經得起考驗的數據，直到靈敏 DTU 的調查顯示，這些簡化的假設與事實相距有多遠。特別是接觸網絡的簇特性對傳染疾病的散播有重大的影響力，科學家是在這個項目裡第一次掌握到這個特性。

　　這些緊密連結在一起的簇具有的決定性影響力也顯現在新冠大流行的動態上。就像每個人傳人的病毒，新冠病毒只有在充足的接觸下才能傳播。我們之間的接觸用比喻來說就像是病毒的養分，所以所有壓制大流行的措施都在減少人與人的接觸。當病毒遇到接觸網絡中一個聯繫緊密的團體，例如孩子的生日或是婚禮，對病毒而言就是「撿到的大餐」。

　　減少傳染途徑，把病毒糧食拿走的一種有效方法是縮減團體的大小，這也是遏阻新冠疫情的一個措施。這裡舉一個例子：一場生日宴會有 20 位客人出席，所有客人跟在場每個人聊天，產生 20 x 19，一共 380 個可能的傳染途徑，因為每個人原則上都具有傳染性，可能把疾病傳染給其他 19 個人。如果我們決定把客人人數減半，只請 10 個人，那只剩下 10 x 9，90 個傳播途徑，不到原來 380 個傳播途徑的四

分之一。如果我們繼續縮減人數，只跟 5 個人一起慶祝生日，傳染的可能性就只剩下 20 個，是原來 380 的 5% 左右。減少團體人數所帶來的效果遠遠超出我們的期望，而且對有密集簇結構的網絡特別有效。

隨機網絡和無尺度網絡

由於每個網絡都有它的複雜性和獨特性，因此基本的規律如小世界效應或是社交網絡的典型現象簇並不是那麼容易被發現。還有其他的規律嗎？大約在二十世紀和二十一世紀之交，艾伯特和巴拉巴西有系統地比較了不同的網絡，這可以說是現代網絡科學誕生的時刻[22]。他們有三個完全不同的資料記錄可資運用：1）20 萬個演員所組成的合作網絡，其中如果有兩個演員曾在同一部電影中合作過，他們中間就有一個連結；2）全球資訊網的一部分，大約有 325000 個彼此相連的網頁；3）一個區域性的供電網絡，裡面有 5000 個節點，開關和分電設備，由電線相連在一起。

雖然這些網絡的來源完全不同，艾伯特和巴拉巴西在結構中發現了另一項基本的規律性。他們計算每個網絡中所謂節點度的頻率分布，也就是計算具備某一個特定節點度的節點有多少，並列出某特定節點度的出現頻率。用一個很無聊的模型網絡最能解釋清楚，我們用一個完全隨機的網絡。例如一個由 100 個節點構成的隨機網絡是這樣建構的：我們從一個彼此完全相連的網絡開始，這個網絡裡面的每一

個節點跟其他每個節點相連。100 個節點就有 4950 個連結。然後我們隨機移走很重要一部分的連結，例如我們拿走 95% 的連結，大約剩下 250 個連結。節點度分布顯示，大部分的節點有 5 到 6 的節點度，非常低的節點度和非常高的節點度很少。具有很高節點度的節點完全不存在。因為我們完全隨機地將 95% 的連結移走，所有的節點失去大約同樣多的連結。沒有任何一個節點在這個過程裡受到特別優待，或者受到比較深的影響。節點度的分布有典型的鐘形曲線，就像我們在許多統計學上看到的分布圖一樣。我們隨便以成年女子的鞋子尺寸分布為例，它也有類似的形狀。典型的數值是 38 號。沒有人的是腳

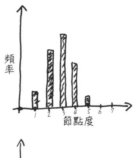

一個由 22 個節點組成的隨機
網絡，它只顯示出所有可能的
連結中的幾個連結。節點度的
分布有一個鐘形曲線，就跟鞋
子尺寸的分布一樣。

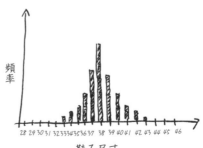

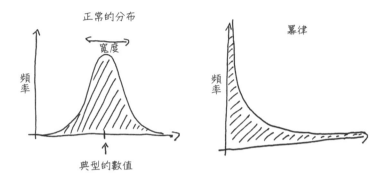

正常分布和冪律

兩公分或是四公里長。這個鐘形的頻率分布圖隨處可見，所以也被稱為正常的分布。

當艾伯特和巴拉巴西研究真實網絡的節點度分布時，他們對三件事很驚訝。雖然他們研究的是真實的網絡，不是數學建構的網絡如隨機網絡，但是節點度的頻率分布還是按照明確的數學規則。除此之外，雖然網絡來自不同的地方，但是這些數學定律在所有不同的網絡中幾乎一致。第三點是他們認識到了另一種完全不同的分布形式，跟隨機網絡（或是鞋子尺寸）不一樣。它們沒有常見的鐘形分布，也就是說它們的分布不正常。

真實網絡節點度的頻率分布是根據所謂的冪律，這是一個簡單的公式，節點度 K 和頻率 H 的關係為：

$$H \sim \frac{1}{K^P}$$

　　參數 P 值大約是 3。這個公式說明：真實網絡中有非常多節點的節點度很小，只有極少數的節點對外有很強的連結。節點度的分布很廣。

　　這個效應很大，以至於一個典型的節點度，例如我們用平均值算出來的節點度，無法對這個網絡做出什麼說明和解釋。我們同樣也很難說出節點度分布的寬度。因為在這些網絡中為節點度標示出典型的尺度是沒有意義的，所以我們稱這種網絡為無尺度網絡。以鞋子尺寸的分布來模擬這種網絡，就是絕大多數的人腳非常非常小，少數幾個人的腳比大多數人大上十倍，一百倍或是一千倍。演員網絡的平均節點度雖然是 28.7，但是這個數值並不能表示分布的情形。因為大約 96% 的演員只有節點度 1，而大約 0.01% 的演員，也就是菁英們，他們的連結數超過 300 個。少數具有特別高節點度的節點在網絡科學中被稱為「輪轂」（Hubs）。正像腳踏車的輪輻都集中在輪轂一般，網絡的輪轂也有許多連結。

　　雖然是完全不同的網絡，但是為什麼所有網絡的基本節點度分布規則幾乎有相同的形狀呢？也許所有真實網絡都植基於一個簡單的機制，而這個機制產生的結果具備有普遍的特性，或者是一個偶發的現象？實際上，無尺度網絡的冪律可以用一個簡單的規則解釋，就是所謂「受到偏好的聯繫」或是「富者愈富」效應。大部分人也曾親身體驗過這種過程。這裡舉一個例子：2020 年夏天我和我女兒在德勒斯登，跟大多數遊客一樣也漫步穿過鑄幣巷（Münzgasse），鑄幣巷疏通聖母教堂和易北河岸間的遊客人潮。這條小巷裡有許多小餐館，外面

擺著很多小桌子，通常都擠滿了人。如果不是在用餐高峰的時間來這裡，我們可以觀察到，不是所有的餐館都一樣高朋滿座。身為一無所知的旅客在尋找好餐廳時，我們挑選一家人潮洶湧的餐館的機率比較高，因為我們假設那裡的食物比較好。如果我們選擇了這家餐館的位子，下一批旅客選擇同一家餐館的機率又更高。就算所有餐館客觀來說品質相同，這種自我強化的效應會讓少數的餐館比其他餐館更具吸引力。

如果把這種情形轉譯到網絡科學，我們可以提出下列的過程：

假設我們從一個小網絡開始，裡面是隨機連結的節點。一直有新的節點逐漸加入，每一個新進的節點隨機選取一個節點連結。不過，

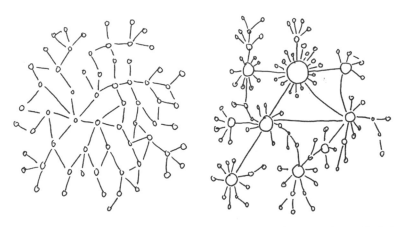

隨機網絡：左邊網絡節點度的差別不大，介於 1 到 10 之間。右邊的網絡沒有尺度，大部分的節點只有一個小的節點度。相對之下，少數幾個「輪轂」有非常大的節點度。

新節點跟一個已經有較強連結的節點聯繫的機率比較高。如此一來，網絡中有較多連結的節點能更頻繁「收集」到新的節點，因此也會對新的節點更具吸引力。如果我們讓這樣的網絡繼續成長，增長到某個特定大小時，這個網絡就會遵循艾伯特和巴拉巴西在真實網絡中觀察到的基本規律，出現無尺度網絡，少數節點有很強的連結，而非常多的節點只有很弱的連結。如果我們讓一個節點完全隨機連結的網絡成長，也就是沒有「偏好的聯繫」這個機制，所有節點將具有大約相等的節點度。偏好的聯繫機制也被稱為「富者愈富」的原因非常簡單。談到財富，我們大家都知道，富有的人當然很容易變得更富有，因為他們有更多錢可以投資，讓錢為他們工作。這個效應在社會學上也被稱為馬太效應，源自聖經馬太福音：「凡有的，還要加給他，叫他有餘；凡沒有的，連他所有的，也要奪去。」實際上，收入也是呈無尺度分布並且遵循數學的冪律。這裡的定律甚至還有一個名字帕雷托法則（Pareto principle），以義大利經濟學家威佛雷多・帕雷托（Vilfredo Pareto, 1848-1923）命名，他研究收入的分布。用一個社會的平均收入來推論是沒有什麼意義的，比如 1000 人中 999 個人的年收入是 10000 歐元，一個人是 5 億歐元，所有人的平均收入大約是 50 萬歐元，但是卻不能反映出事實情況，因為幾乎所有人的收入很低，只有一個人是超級大富翁。

　　發現無尺度不久後，瑞典社會學家佛德列克・理傑羅斯（Fredrik Liljeros）的研究團隊和已經提到過的物理學家阿瑪拉調查了一組具代表性的受試者，一共 4781 位瑞典女性和男性[23]。在精心整理的問

卷中，受試者必須回答他們在過去十二個月裡的性伴侶人數。結果顯示，性接觸的網絡也是遵循普遍的冪律（德文的冪律 Potenzgesetz 的冪這個字剛好也有性能力的意思，在這裡一語雙關），而且也是無尺度。兩個性別的節點度頻率分布都適用同一個數學定律。但是男性有一點點系統性的誤差。科學家追蹤了這一點小誤差，結果發現受訪的男性在作答上系統性地撒了小謊，他們經常誇大性伴侶的數目。性伴侶網絡也顯現出標準特點，大部分人只有非常少的接觸，而少數幾個人有非常多的接觸，正是這個特性決定性傳染病如何傳播。少數具有很多連結的節點是所謂的「超級傳播者」（Superspreader），如果他們感染了，可以透過他們為數眾多的接觸將疾病在網絡中散布得很「廣」。所以無尺度現象在傳染病的散播上（同樣也在防治上）扮演了很重要的角色。

關於網絡和疫苗接種

在同一年發表的一個研究中，亞力山鐸・維斯皮格納尼（Alessandro Vespignani）和洛姆亞鐸・帕斯鐸－薩托拉斯（Romualdo Pastor-Satorras）調查流行病如何在無尺度網絡中傳播[24]。他們拿同質性網絡的傳播結果加以比較，傳統的傳播模型都一直假設網絡具有同質性。科學家可以藉由一個數學模型顯示，傳染病在無尺度網絡的傳播動態更快，並且更加難以控制，即使平均一個人感染同樣多的其他人。

　　用接種疫苗做例子最能讓我們理解這個結果。首先，我們想像一個「正常的」隨機接觸網絡，裡面的每個人大約有 4 個接觸管道，也就是說每個節點跟大約其他 4 個節點相連結。現在我們假設，每個連結可以傳播一個傳染病。當一個人經由一個連結被感染，他會透過剩下的 3 個連結感染其他 3 個人，這 3 個人會各自再感染另外 3 個人，也就是 9 個人，接下來是 27 人，然後是 81 人等等，直到流行病橫掃整個網絡。我們現在可以在腦中玩個實驗，替任意選出的節點「接種疫苗」，因為網絡中所有節點的連結程度都差不多一樣強，所以我們替哪個節點接種其實並不重要。接種過的節點既不會被感染也不會傳染，因此這些節點的對外聯繫對傳染過程也無關緊要。所以我們可以在腦中把這些「接種」過的節點，包括他們所有的連結從網絡中移除。如果我們至少接種了 75% 的節點，那也表示，剩下的節點平均的節點度也減少了 75%，因為沒有接種的節點也失去了連結。在這個稀釋了的網絡中，節點平均的連結不再是 4 個，只剩下一個。如果其中一個節點被感染了，它無法感染其他的節點，流行病無法散播，接種疫苗取得勝利。

　　我們可以用幾何來詮釋施打疫苗的效應。如果替足夠數目的節點施打疫苗，網絡就會分解為許多不再相連的小片段，它們之間不存在傳播管道，但是這個效應在一個無尺度網絡卻行不通。如果隨機給無尺度網絡中一定數目的節點接種，還是說 75% 好了，我們遇到少數超級傳播者的機率卻是微乎其微，而它們卻是傳播的主因，大部分遇到的是連結很少的節點。無尺度網絡在接受同樣大規模的接種後，

超級傳播者讓大部分的網絡還是保持聯繫，隨機的接種策略對無尺度網絡是無效的。但是如果我們知道誰是超級傳播者，那情形就改觀了。在這種情況下，我們只要讓少數的超級傳播者免疫，效果會非常驚人，問題在於我們當然不可能事先知道哪些人是群體中的超級傳播者。

　　在這種兩難的情況下，網絡理論的一個認知再度能幫上忙，也就是網絡中一個節點的鄰居擁有的節點度平均比節點本身大。運用到社交網絡的關係中：「你朋友的朋友平均起來比你自己的朋友多。」聽起來像是互相矛盾（所謂的友誼悖論），卻是一個事實。這可以用一個理想化的網絡鮮明地表現出來。

　　以下的簡圖顯示出一個有四個人的簡單網絡。為了不用一直寫「節點度」這個字眼，我們使用網絡理論常用的字母 K。

一個由四人組成的簡單網絡。平均節點度是 K = 1.5。平均的鄰居節點度是 Q = 2.5

　　其中三個人的 K ＝ 1，一個人的 K ＝ 3。平均 K 值就是：

$$平均 K 值 = (1+1+1+3) / 4 = 6 / 4 = 1.5$$

　　我們把一個節點的朋友（網絡中的鄰居）的平均節點度稱為 Q。在外圍的人只有一個鄰居（即中間的那個人），而中間的那個人的節點度 K ＝ 3，也就是說，對外圍的人而言，平均的鄰居節點度 Q ＝ 3。中間那個人的朋友的節點度均是 K ＝ 1，也就是說，中間那個人的鄰居節點度 Q ＝ 1。平均的結果：

$$平均 Q 值 = (3+3+3+1) / 4 = 10 / 4 = 2.5$$

　　這個結果我們得先好好消化一下。在無尺度網絡裡，平均節點度和平均鄰居節點度的差距特別大。不用計算也可以用直覺了解。請你再看一次上上張的無尺度網絡圖（第 85 頁）。我們在這個網絡內隨機挑選一個節點，有很大的機率會挑到一個具有小 K 值的節點，因為這類的節點很多。但是如果我們選擇這個節點的一個鄰居，很有可能會選到一個輪轂，因為它在網絡中有很多連結。2003 年羅文‧柯恩（Reuven Cohen），史洛莫‧哈福林（Shlomo Havlin），丹尼爾‧本－艾芙拉漢（Daniel ben-Avraham）在一個理論模型介紹了一招高明的接種策略，正是根據這個原則。即使事先不知道誰是超級傳播者，這個策略卻讓我們有很高的機率遇到超級傳播者 [25]。

　　科學家在模型中研究比較了兩個方案。在第一個方案中，隨機選擇網絡中一部分節點接種疫苗。第二個方案替隨機選擇的節點的任意一個鄰居節點接種。效果很驚人。第二個接種策略更有效率，因為如此一來，網絡中的「超級傳播者」自然而然有比較高的機率透過疫苗從系統中被移除。轉換到現實世界，我們不僅要直接勸說別人接種疫苗來防治疾病，而且也要他們勸說自己的熟人去接種。誰知道，也許這樣的認知有一天會在現實中得以實踐。

　　這些拿出來討論的例子，只是快速成長的網絡科學研究中的一小部分切面。全世界越來越多科學家運用網絡的想法來增進對各種不同系統的了解。生態系統、神經系統、金融市場、細胞的基因調控（針對這點我們在轉捩點那章還有更多內容）、基礎建設和資訊系統等等。網絡研究是複雜學的一部分，但同時也橫跨各個領域，因為它能揭露完全不同現象結構之間彼此相似的地方，尤其是介於社會和生物系統間的雷同處。過去幾年全世界到處蓋了跨領域的網絡研究所，有許多研究所目前成了吸引來自不同專業頂尖科學家一起工作的磁石，很可惜德國到現在為止還缺少這樣的研究所。

臨界狀態

一堆沙和大流行病的關係

　　一件不太可能的事以極高的機率發生，因為這麼多不太可能的事是有可能發生的。

——皮爾·巴克（Per Bak, 1948-2002）

　　我在布藍茲維市邊緣的一個小村莊長大，居民大約有 4000 人。童年很早的時候，也就是 1970 年代末期，我們的作息大都是在戶外，社交網絡是類似的，成員必須現場出席，並且緊密連結在一起。雖然不是每個人都認識彼此，但是所有人都認識克勞斯·克萊維希特（Klaus Kleinwächter）。克勞斯·克萊維希特是我童年的英雄。我

對克勞斯的記憶有些混亂，他應該大我六七歲。他很早就留著絡腮
鬍，穿這一件無袖的牛仔夾克，活脫脫是一個青春期的大盜後岑普羅
茨（Räuber Hotzenploz，故事書人物）。不怕他的人至少會尊敬他。
沒有人懷疑過克勞斯。

　　克勞斯以許多不同的大膽行動贏得他人尊敬。但他比較屬於安靜
的類型，只有在危急關鍵時刻才會行動。當時村裡的一個主要集合地
點是消防池塘，那是村邊的一個小池塘，一直到 1960 年代末期被義
消大隊用為消防水塘。小時候冬天還很冷，池塘經常結冰。我記得，
我們小孩子常常在池塘邊站上幾個小時，往裡邊丟樹枝和石頭，沒
人敢帶頭穿越池塘。我們的父母也禁止我們，但是總要有一個人測
試冰是否已能承載重量不破裂。每一年冬天都是克勞斯敢率先下
去，穿著他那件無袖牛仔夾克，我們則屏息觀看冰是否結實。克勞
斯能處理危險的關鍵情況，他是一個遊走邊緣的人。雖然克勞斯在
村子年輕人的社會結構裡是一個例外現象，但是他的舉止行為總是
表現得很自然。

　　讓人驚訝的是，許多自然和社會的進程是發生在關鍵的邊緣，
並且都有幾個共同的基本特性，雖然它們表面看起來完全不一樣。更
有甚者，它們發展出本身內部的臨界狀態，完全自動自發。地震、流
行病、大腦的神經活動、森林大火、雪花的形成、流行服飾、恐怖主
義和生命本身都是動態的過程，總是在關鍵的門檻上發展。冬天橫越
池塘從兩個觀點來說，對臨界系統和過程的典型特性是一個很好的比
喻。當時克勞斯每年一馬當先走上結冰的池塘時，沒有人知道他會成

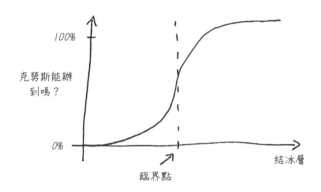

100%

克勞斯能辨
到嗎？

0%

臨界點

結冰層

克勞斯·克萊維希特的思考實驗

功還是跌進池塘裡。在臨界系統裡，最小的改變都會導致非常不同的結果。如果我們是在思考上有系統地做實驗，可以讓克勞斯以不同的強度走在冰面上，並計算跌進冰池塘裡的機率。

　　我們大概會得到如圖所示的結果。這條曲線我們稱之為 S 形，因為用點想像力，它看起來像「S」。關於冰的強度和破裂機率之間的這種依賴關係，很重要也很典型的地方是曲線的中間區域。就是這裡，克勞斯就是在這個臨界範圍活動，臨界點也在這個區域的某個地方，是最難預測的地方。但是為什麼克勞斯要在這個地方行走？一方面，當然是因為圖左方的區域明顯表示出冰還沒有承載力量的強度，而右邊的區域，不僅是克勞斯，每個小孩都能毫無困難地在冰上行走。

　　「冰」本身就跟臨界狀態有點關聯。每個人都知道，水跟大部分的化學物質一樣會以三種不同的聚合狀態出現：固態，液態以及氣

態。在正常的外部壓力下，水在攝氏一百度開始沸騰變成氣體，零度凍結成冰。這兩個過渡轉變是臨界時刻，外部條件的小小更動，都會導致水的物理特性產生極端強烈的變化，我們已經習慣了這個現象，這對我們來說是日常生活經驗。但是我們也能想像，水持續不斷變化，溫度下降時變得越來越濃稠，越來越堅固。實際上，水也能這樣持續不斷地從一個狀態過渡到另一個狀態。在特別低的壓力下（低於大約 0.006 巴）氣態會直接過渡到固態。在這個外部壓力下，水不可能是液態。另一方面，如果氣溫高於大約攝氏 373 度，水不可能從液態跳躍式地過渡到氣態。在這裡，水的特性雖然受到壓力和溫度的影響，但是水的變化持續漸進，從來不是突然發生。高壓和高溫下的水，它的狀態是超臨界。例如在深海的熱泉，就是所謂的黑煙柱（black smoker）可以找到超臨界的水。

關於不同聚合狀態背後的物理理論已經有很多著作。很有趣的是，稀鬆平常的物質「水」還是能不斷拋出尚未有解答的問題。我再次強調：有時候在臨界點上，稍微改變一下條件就能達到很大的效果，這是很自然也很典型的現象，可以在不同的生物、生態、社會和社交現象上觀察到。我們已經認識到了螢火蟲的自動同步放光以及猞猁和白靴兔群體數量的來回擺動。我們之後還會進一步仔細討論動物和人類的群體行為、意見的散布和社交媒體上的「假消息」、社會上政治的兩極化，所有這些都是具備臨界相變的現象。

自組織的臨界狀態

　　有趣的是，有些截然不同的複雜動態系統，它們似乎在「尋找」自己的臨界點，在沒有任何外力的影響下朝自己的臨界點「移動」，並停留在那裡。這跟水的情形不一樣，水的聚合狀態可以透過外在壓力和溫度來調節，而且只能通過精確的「調整」達到臨界的相變。許多自然系統好像是自己發展出臨界狀態，讓自己達到臨界狀態！

　　新冠大流行是一個很好的例子。2020 年春季第一波疫情過後，德國每個人都熟悉了一個新概念「再傳染數」，R 值。讓我喚起你的記憶：R 值是一個平均值，決定一個確診者把疾病再傳染給別人的感染數目。例如 R 值是 2，表示 8 個確診者平均將病毒傳染給另外 16 個人，這 16 個人又會繼續感染其他 32 個人，接下來是 64 人。結果是感染人數呈快速（爆炸性）成長。反之，R 值如果只有 0.5，意謂 8 個確診者就只會感染另外 4 個人，這 4 個人只會再感染 2 個人，感染人數下降。很顯然，R = 1 是一個臨界值，它決定流行病會爆炸性地散播開來或是逐漸消減。

　　你還記得那些討論嗎？科學家和政治家不斷強調將 R 值控制在一以下或是維持在一是多麼重要。R 值並不是新冠疫情專有的數值，它屬於流行病學中非常重要的參數之一，因為它不受特殊傳染病或是病原體的影響，能決定流行病是否爆發或是病原體自己消失不見。

　　大流行病期間會一直觀察 R 值。在疫苗對大流行病發揮決定性的影響力之前，R 值一直徘徊在臨界值 R = 1 附近，一會兒在 R = 1

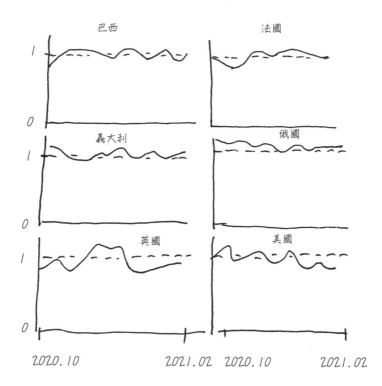

R 值在不同國家的動態

上面一點兒，於是感染病例增加，偶爾又降到臨界點以下，感染病例隨之減少。這是偶發事件？還是有更多因素隱藏在背後？我們即將看到，整個系統動態自動「尋找」這個臨界範圍，它們甚至會無可避免地來回擺動趨近這個臨界值。為了了解這個現象，我們必須再深入這個題材，並將時鐘倒轉一百年。

SIR 模型和傳染病的散播

大約一個世紀以前，醫生和流行病學家安德森‧麥可肯德克（Anderson McKendrick）和生物化學家威廉‧柯麥克（William Kermack）思考了傳染病傳播的問題。在一系列的學術論文中，他們發展出了一套數學理論來描述傳染病的動態[26]。現今很多模型都可追溯到這個開先河的研究上，它也是數量流行病學研究的起源。

兩位科學家發現，無論病原體為何，流行病經常有類似的發展過程。所以他們假設，可以把流行病的基本元素轉譯到簡單的數學模型中，並且發展出所謂的 SIR 模型。這個模型假設，宿主人口，也就是我們，由三種不同的群體組成：1）易感的人（S），指的是會被感染的人。2）確診的人或是說有感染性的人（I），指的是會將病傳染給別人的人，以及 3）不再參與傳染過程的人，因為他們已經免疫或是過世了（R ＝ Removed 移除）。

麥可肯德克和柯麥克的 SIR 模型將一個流行病的動態縮減到兩個基本反應：一是感染，當一個健康人遇到一個確診者而被感染。二是「移除」，一個免疫或是死亡的確診者。

SIR 模型建立在兩個簡單的反應上。感染會用反應

$$S + I \rightarrow 2I$$

來描述。換作文字表達就是：一個確診者（I）遇上一個健康的人（S），在一定的機率下 S 會被感染，然後成為 I。第二個反應是：

$$I \rightarrow R$$

這表示：確診者在經過一段典型的感染期之後會過渡到 R 狀態，因為他若不是自體免疫就是去世了。在這兩種情況下，他都不會再參與疾病感染的過程。當然「真正的」流行病疫情更加複雜，人類的舉止行為各異，對特定病毒的反應也不一而足。潛伏期的變化多端也是流行病的特色，而且不是所有人跟彼此都有聯繫接觸；如同我們在上一章學到的，接觸網絡扮演了一個角色。SIR 模型忽略了所有這些細節，但是描寫了一個感染過程的核心動態，最基本的本質。SIR 模型有兩個重要的參數：一是感染的典型時間長短 T，以及典型的感染人數，一個確診者在群體造成的感染數目，也就是再傳染數，R 值。

這個數值當然會受到群體中有多少能被感染的人數所影響。免疫的人越多，例如經由接種疫苗達到免疫的人數越多，感染的機會就越低。麥可肯德克和柯麥克因此引進了基本傳染數 R_0（引自人口統計學），這是一個人在一個完全可以被傳染的群體中可以感染的人數。R_0 是流行病學中一個能感染人的病原體的最重要特點，並且決定這個病原體是否會傳播開來，速度有多快。例如麻疹的傳染性很高，它的基本傳染數是 12 到 18。新冠病毒 3.3 到 5.7，屬於中間範圍，而流感病毒的數值較低，介於 1 和 2 之間。如果把簡單的反應圖表轉換成數學公式，我們可以為特定的數值計算出流行病的發展歷程，並和真實的流行病發展互相比較。我們從比較低的確診人數開始，基本傳染數大於一，模型描寫的典型流行病發展歷程一開始呈爆炸性成長，然

後達到最大量,之後流行病會慢慢平息,因為群體中已經沒有足夠可以被感染的人數。至於要多長時間才會達到最大數目的感染人數?最大量又是多少?這兩者跟參數 T(感染的時間長短)以及 R_0 有關。然而 R_0 不容易直接被測量到,因為我們通常不知道誰感染了誰,因此可以用 SIR 模型跟真實的流行病發展曲線比較,進而計算出這個數值。

SIR 模型同樣也顯示,臨界值 $R_0 = 1$ 區隔了兩個完全不同的發展。如果 $R_0 > 1$,疫情會爆發開來,$R_0 < 1$,病原體則無法傳播。所以我們不需要避免所有的感染;在實務上也很難實現。我們只要想辦法讓每個確診者平均感染的人數少於一人,病原體就沒有散播的機會。

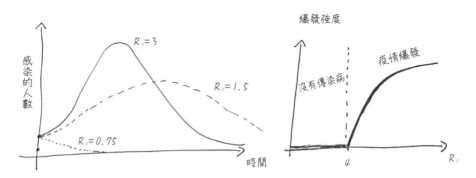

左:SIR 模型的典型流行病曲線。右:用疫情爆發的強度來當作 R_0 的作用。臨界值是 1。在這個區域,R_0 的小改變會產生很大的影響。

　　SIR 模型的主要想法馬上就能應用到其他的臨界系統上。「感染」和「痊癒」的機制很容易能轉用到別的系統上。在針對流行病的公開討論中，我自己不斷嘗試用森林大火做比方，因為森林大火也是遵循類似的規律。在沒有抑制措施，植樹密度也夠高的情況下，大火就會像流行病一樣自動且快速地蔓延開來。

森林大火模型和群體免疫

　　我們來想像一大片森林，裡面區隔成很多塊小面積的林地。每一小塊林地，抽象地說，可以有兩種情況：1）燃燒著（感染）和2）沒有燃燒（易感染）。一塊燃燒的林地有一定的機率可以「感染」，也就是點燃相鄰的「健康」林地。經過一段時間，這塊林地燒光了，只剩下灰燼，不能再起火。如果一塊林地在可以感染到隔壁林地之前燒光，大火就不會繼續蔓延。就像一場流行病一樣，森林大火是一個臨界現象，只受到一個主要參數的主導。

　　森林大火模型還對另外一個重要的認知有所貢獻。我們假設，部分林地有種植樹木，部分是空地，而且是隨機分布。只有種樹的林地會燃燒，林地的植樹密度在模型中是一個由人設定的參數。剛開始的時候只有一小部分的林地被放火，它們可以再把火苗散播到相鄰的林地上。在足夠高的植樹密度（例如90%）下，火會很快地燒到這塊林地的邊緣。但是如果只有20%的林地有植樹，火災就不會擴大，因為附近沒有植樹的林地。

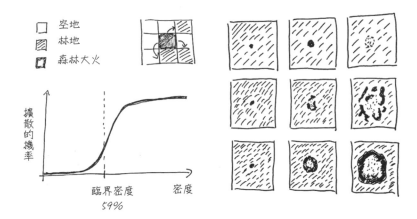

一個簡單的森林大火模型。左：具有三種不同狀態的格子林地：1. 空地（白色），2. 植了樹的林地（灰色）和 3. 燃燒的林地（黑色）。一塊燃燒的林地會讓相鄰有樹木的林地起火。右：如果植樹的密度高，大火可以不受阻礙地蔓延（下層的林地，從左到右隨著時間的進展）。如果樹木的密度低，大火會漸漸平息（上排的林地）。臨界的密度大約是在 59%（中間的林地）。

　　這個簡單的模型中，臨界的植樹密度在哪？我們可能認為是 50%。實際上大約是 59.27%。在這裡很難提出數學證據，但是目前可以很容易在電腦模擬中找到這個臨界值。上面的圖就是模型模擬不同植樹密度的簡圖。

　　森林大火模型同樣也能展示群體免疫的效果。我們將模型再切換到流行病的疫情，可以用圖顯示疫苗的效果。接種過疫苗的人不會再參與感染的過程，這些人再也不會被感染也不會感染別人。對一個病原體來說，他們正是森林大火中一塊沒有植樹的空地。請你想像一個

網絡模型，裡面的節點代表人，連結是兩個人間可能發生的接觸。假設每個節點平均有 3 個對外的接觸，這個網絡為一個整體彼此相關，一個節點能經由很短的途徑通往其他任何一個節點。在一個如此緊密連結的組織裡，一個病原體能夠快速、不受阻攔地傳播，因為每一個節點大約有另外 3 個接觸。替單獨一個隨機挑選出來的節點「接種」意味著，這個節點和它所有的連結都會從網絡中移除。從某一個時候開始，這個網絡會分解成細碎的片段，病原體不能再傳播，即使在網絡中，從互相關聯到分解成片段的過渡期也不是漸進的，而是突然發生的。

大流行和我們

　　柯麥克和麥可肯德克的 SIR 模型描述了一個流行病傳播時的基本特色。然而這個模型沒有考慮到一個關鍵性的因素：我們對大流行病的反應，我們是有意識行動且能得到資訊消息的宿主動物，可以對大流行做出反應。

　　SIR 模型中沒有社會對大流行病的反饋。所以這個模型描述的只是一個我們沒有察覺到，也沒有做出反應的疾病傳播，我們可以想像是一個溫和的新冠病毒變種的傳播，只帶來輕微的症狀。從病毒的角度看來，這個情況很理想，因為我們完全不會想到要對抗這個病毒。我們再想像一下：新冠病毒的基本傳染數介於 3.3 和 5.7 之間，我們取中間值為 4。感染生病的時間大約是 14 天。如果這個「友好」的新

冠病毒變種在德國不受阻攔地傳播，大概八個星期以後就能達到大流行病的最大感染量，最高峰是三千萬人同時有感染性，相當於一天中有三萬人感染，只要 150 天以後這場夢魘就過去。最後，八千三百萬人口中大約只有一百五十萬人完全沒有被感染。

　　現實狀況完全不是這麼一回事。病毒傳播到德國後，病例數增加，社會和政府做出相應政策，經由自願或是強迫的減少接觸降低傳染數。2020 年 3 月底，再傳染數的數值已明顯低於 1，第一波疫情被阻斷，病例慢慢下降，病例數在夏天降到低點，解禁的呼聲立刻響起，因為經濟上的成本以及大家感受到的個人限制太大。解禁讓再傳染數再度上升，病毒又可以大肆傳播，人們繼而放棄與他人接觸，政府祭出政治措施，接著第二度封城，病例下降，然後重新解禁，第三波疫情又爆發，再次實施措施來阻斷疫情，「溜溜球封城」一時成為大家口中傳誦的新詞。

　　所以大流行病和社會行為改變之間的回饋機制是根據活化抑制原則，這個原則我們已經在〈同步現象〉那一章白靴兔和猞猁的洛特卡－沃爾泰模型中認識到了。如同我們已經學到的，新冠大流行正跟猞猁和白靴兔一樣，也顯示出明顯且不斷重複的波浪動態，一點也不足為奇。

　　雖然大流行在許多國家的發展歷程並不一樣，但是大流行病卻一直會發展出一個動態平衡，再傳染數會在臨界值 R ＝ 1 附近來回擺動，病毒的傳播和相應措施會維持平衡。大流行病和社會反應之間的反饋過程必然會導致整個系統自動地趨向臨界點。

　　所以我們必須將大流行病當成一個整體系統來觀察，即使我們無法塑造個人的行為和決定，但是要把社會反應一併納入動態中考慮。但是這個自組織的臨界狀態到底有多典型和多理所當然呢？

沙堆和森林大火

　　1987年丹麥的物理學家皮爾・巴克（Per Bak, 1948-2002）研究了這個問題。他懷疑，特別是複雜動力系統（包括自然的以及社會的系統）傾向自己往它們的臨界點發展。巴克動手開始尋找一個模型，這個模型一方面在概念上要有簡單的結構，以便用數學來處理，另外一方面又要有普遍性，讓人能輕易地把它轉換到特殊的應用模型上。他「發明」的是一個沙堆。他和美國人科特・維森菲爾德（Kurt Wiesenfeld）以及中國人湯超（Chao Tang）一起創造了巴克—湯—維森菲爾德沙堆（Bak-Tang-Wiesenfeld-Sandhaufen）[27]。這個非常抽象的模型在描述，如果讓沙粒慢慢並且穩定地從一個開口往下漏，一個圓錐形的沙堆是如何漸漸地成形。你們大部分的人應該曾經在沙漏裡觀察過這個過程。首先沙粒形成一個平緩的沙丘，這個沙丘不斷增高，側翼越來越陡峭，直到小沙崩讓沙子滑落；沙堆再度變平緩，整個過程從頭開始。一個動態平衡產生：側翼只能達到一定的陡峭程度，也就是沙堆的臨界坡度。

　　物理學家芭芭拉・朵瑟（Barbara Drossel）為這個模型設計了一個新版本，具備更強的應用範圍。1992年她替森林大火發展出一個模

型[28]，但是比上述的模型更加複雜。在朵瑟模型中森林會再生，個別的林地會往相鄰沒有植樹的空地上擴張，然後逐漸讓整個區域長滿樹木。除此之外，她還假設，即使很少發生，但是閃電偶爾還是會造成森林局部火災，吞噬相連的林地面積。所以長遠看來，這個系統產生一個動態平衡，再生的森林和偶發的火災所造成的損失，兩者之間維持平衡。這個動態平衡中的森林密度正好符合臨界密度。在這個臨界密度下，森林大火雖然可以大面積地燃燒，卻不會焚毀所有林木，而會留下個別的小林地。

　　直覺上我們當然很清楚，這些相互調節的機制會自動把系統帶到它的臨界點上去，這適用於新冠大流行，沙堆和森林大火。但是這些系統有什麼特色？為什麼它們這麼著魔地受到臨界點吸引？讓人驚訝的是，極端不同的系統在臨界點上有著普遍的特性，無論這些系統關乎於物理、生物、生態，或是社會的發展過程，它們好像會發送出訊號，證明自己是臨界現象。這對我們來說特別重要，尤其是當我們不能確切知道，一個系統會在什麼條件下出現臨界狀態時。因為跟水不一樣，在生態和社會的發展過程中，我們不能進行對照實驗並測量出臨界範圍。

　　臨界點上的動態過程有一個基本特性，就是極端強烈的「波動」。這意味著什麼？在一個簡單的沙堆模型裡，我們可以掌握小型的沙崩有多大，例如計算有多少顆沙粒參與了沙崩。將沙崩大小的頻率分布用圖表來表示，顯示它們遵循一個數學定律，這個數學定律我們已經在〈複雜的網絡〉那一章認識到了：冪律。在無尺度網絡中，

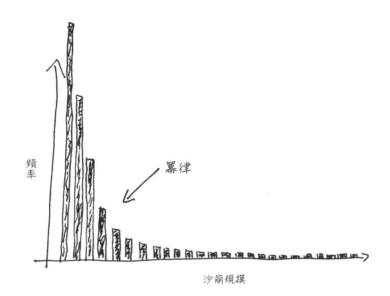

沙堆的冪律

只有少數幾個節點有密集的連結，很多的節點只有非常少的連結：這是富者越富效應。與此相似，人們在沙崩的大小分布中發現很多小型的沙崩和少數幾個大型沙崩。人們可能會期待，為了維持臨界的平衡，沙堆側翼的沙持續不斷以中型的沙崩滑落，但事實卻不是這樣。

　　如果我們測量因閃電引起的森林火災所燃燒的面積，也可以在朵瑟的森林大火模型中發現相同的規律。現在人們可能將沙堆模型以及朵瑟的森林大火模型當作是現實世界的荒誕簡化版，畢竟沒有森林成格子狀。但令人驚訝的是，人們在分析森林大火地區的衛星照片後，證實了這個假設的定律。實驗裡，人們在無數不同的系統中發現這個

普遍性的冪律。地震是另外一個例子，地震的強度遵循相同的定律，有許多非常小的地震以及較少出現，但是非常強烈的地震交錯發生。也有很簡化的數學模型來解釋地震的效應，雖然它們省略了很多細節。

進化過程：漸進式或是跳躍式

沒錯，森林大火、大流行和地震都是相當的災難性事件。但是生命本身似乎在基本形式上也是一個臨界現象。從地球的歷史上來看，新物種不斷出現，並有其他的物種消失。達爾文為這個進化過程提供了科學理論，偶發的基因突變導致新的變種，然後被選擇並生存下去，因為它們更能適應環境。達爾文的理論將進化過程描寫為漸進式，不斷以小步伐在改變。然而古生物學家的調查卻指出，新的物種是以極高的數量在相對之下較短的時間內跳躍式地突然出現。大約五億年前（也就是寒武紀開始的時候），現今所有存在的動物種類都在地質學上很短的五百萬到一千萬年的時間內出現，所以稱之為物種大爆發。古生物學家史蒂芬‧杰伊‧古爾德（Stephen Jay Gould）和尼爾斯‧艾崔奇（Niles Eldredge）在 1972 年發表了一篇論文，標題是《間斷平衡：種系漸進主義外的另一種選擇》（*Punctuated equilibria: an alternative to phyletic gradualism*）[29]。這篇論文打破進化過程完全是漸進改變的想法，他們的論點是，在進化過程中，沒有太大變化的穩定時期和有急速變化的跳躍時期交替出現。

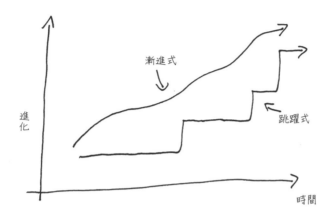

跳躍式的進化

　　從過去到現在，「間斷平衡」的假設一直都還受到進化理論家激烈的正反爭論。將進化過程簡化的傳統數學模型沒有辦法解釋穩定期和急速跳躍的物種大爆發期交替的情形。但是在 1993 年，這次巴克跟他的丹麥同事吉姆・施奈普（Kim Sneppen）發展出一個簡單的數學模型，可以運用在物種的進化過程上[30]。模型中每一個單一的物種有適應性，會按照進化論的簡單原則改變。但是在巴克－施奈普模型中，一個物種適應性的改變也會影響其他物種的適應性，然後跟原生物種互相影響。所以我們在這裡又跟網絡模型牽上關係。在電腦模擬下，巴克－施奈普模型正好描繪出假設的穩定期和突然的改變。小改變在大部分時間裡沒有什麼效應，但是卻會突然引起進化過程中的陣陣連環反應。

巴克－施奈普進化模型同樣也顯示，臨界行為是自身無可避免會產生的行為。這個模型還有另外一個重要的論述，並且真的被挖掘到的化石所證實。模型顯示，物種是如何隨著時間絕跡：不是漸進的，不是在每一個時間單位內一直有大約相同的數量滅絕，而是一批一批的。它的大小又是遵循冪律，就像沙堆上的沙崩或是森林大火。

我們現在知道，地球歷史上發生了幾次大規模的物種滅絕，最後一次是大約六千五百萬年前，當時有一個隕石墜落在地球上結束了恐龍時代，並引起一連串的物種滅絕。而史上最大規模的物種絕種是發生在大約兩億五千兩百萬年前，超過 95% 的所有海洋生物以及四分之三的陸生動物消失了，這對生物圈的影響巨大，以至於大氣中的氧氣含量下降超過一半。除此之外，還有許多較小型的群體絕種。如果分析所有大大小小群體滅絕的次數，結果會得到冪律。

進化的機制也可以套用到社會的發展過程上，改革創新也是按照非常相似的基本原則進行。技術被加以改變、完善，並且不斷適應新的要求。在這裡，人們可能也會認為社會的發展進程是逐步往前邁進的。但是我們當然知道，技術的進步也是一波一波地向前開展，小的改變，例如手機觸控螢幕的發明，一方面引起一連串的技術創新，另一方面也造成落伍技術的「滅絕」。實際上，一波波的創新和科學的進步是按照相同的規律：間斷平衡和冪律。

就算是人類史上最黑暗的恐怖主義，似乎也是追隨臨界狀態的基本規律性。2007 年美國電腦資訊專家艾榮・克勞塞特（Aaron Clauset）分析了 1968 年以後超過 180 個國家，將近 30000 件恐怖攻

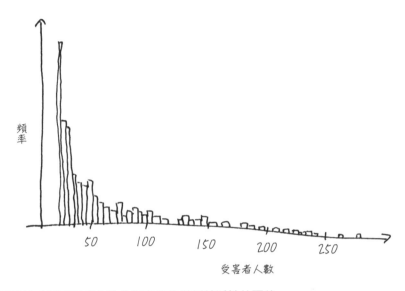

不同恐怖攻擊受害者人數的頻率分布遵循普遍性的冪律

擊的數據記錄[31]。按照傷亡人數統計的攻擊強度，其頻率分布根據克勞塞特的研究也是遵循普遍的冪律。

小的跟大的一樣：碎形結構

我們在臨界現象中觀察到的冪律，大多數一直跟發展過程的時間面向有關。人們詢問的是一個具備特定大小、力度，或是強度的事件的出現頻率。然而，若只想從單一的數學規律中導出普遍性原則會有一點大膽。臨界現象是否還有其他的特性？如果我們觀察大自然並且

嘗試用文字來描述它的幾個特點,很快就會碰到「結構」這個概念。很多東西有高度複雜的結構,而且一個結構當中的部分結構常常跟整體有類似的特性,只是比較小。

電腦複製出自相似的「樹木和草」,上面四個例子全都是根據相同的模式組合而成。

一棵樹分成好幾個大的主要樹幹,這些樹幹再分成小樹枝。這些分枝不斷分叉直到帶著樹葉的樹梢。樹是自相似的,各個部分有整體的形狀。在這個簡單的原則下,植物界產生龐大多樣的形狀,雖然表面上看起來不一樣,但是遵循相同的規律性。藉助簡單的電腦程式可以複製跟真的植物相似的結構。例如我們從樹幹開始,它分成三個較細的樹枝,與樹幹相比,樹枝們被縮短了,朝某個角度彎曲,而且直徑變小(隨意)。在這三個樹枝尾端再各接上三根樹枝,它們跟原本的樹枝一樣有相同的彎曲角度並且縮短同樣的長度。視模型中設定的角度和縮短的距離而定,可以產生幾乎很自然的形狀。著名的數學家本華・曼德博(Benoît B. Mandelbrot)將這類型的結構命名為「碎形」(fractal),並在《大自然的碎形幾何學》一書中描寫其數學特性和基礎。請你在手機或是電腦上找一找「碎形的圖片」。幾乎所有電腦模擬的圖片是以簡單的數學規則做基礎,許多複雜的碎形形狀讓我們想起大自然中見過的結構。

如果動態過程在臨界點上發展,它們常常會呈現碎形結構。讓我們再次觀察一開始討論的簡單森林大火模型。在圖片表示的火災擴散的瞬間照片上可以發現,當植被的密度足夠時,火勢呈集中狀散開。當植被密度接近臨界密度時,火災面積的形狀呈帶有弧形的碎形結構,這些弧形又是由更小的弧形組成。如果在真實的延燒現象中看到這種結構,那我們可以推論這個系統正在一個臨界點上,這對對抗森林大火很有幫助。例如如果能使延燒的形狀成為碎形,只要再稍微加強一點措施就能撲滅森林大火。

　　自然的成長過程也會產生這種結構，因為它們通常必須在有限的資源下優化另一個數值，也就是在臨界的成本效益權衡下成長。例如植物必須運用最少的材料生長出最大的面積，以便吸收到更多陽光進行光合作用產生能量。身體的血管必須盡可能用最少的組織來達到全身各個部位，並供應它們氧氣。鑒於臨界過程的普遍特性會自然而然產生這些結構，因此也是一個辨別特徵。

　　這裡有一個來自完全不同領域的例子：也許你知道「條條大路通羅馬」這句話。設計師班納迪克・柯洛斯（Benedikt Groß）、菲利浦・施密特（Philipp Schmitt）和地理學家拉斐爾・萊曼（Raphael Reimann）在 2018 年想檢驗這個說法。他們運用開放街圖（OpenStreetMap）的地圖系統數據，替整個歐洲的街道網絡計算去羅馬的最短路徑，就像當你想知道去目的地的最佳路徑時，手機上的導航系統替你做的事

兩張簡單的森林大火模型的瞬間照片。左：如果植被的密度高，森林大火從同一個中心燃燒出去。右：在臨界點上，森林大火有碎形的結構。

一樣。

插圖顯示前往羅馬最短路徑所交織而成的網絡。不了解情況的人可能會認為這是一個生物血管系統的照片。兩個表面不相干結構如此相似，再一次顯示看起來不同的系統是根據非常類似的基本原則建構的。

條條大路通羅馬。

　　不同的科學家認為自組織的臨界狀態是非常基本的原則，在某種程度上我們必須將它視為自然法則，也就是用來定義大自然中複雜過程的一個特性。但是這會有什麼結果呢？我們可以從中學到什麼？可以得出什麼結論？在災難事件如森林大火、大流行、恐怖主義、地震中觀察到的冪律表示，我們必須一直考慮到未來發生的事件會比已經知道的情況還要更嚴重，而我們必須做好長遠的準備，對這樣的事件規劃因應措施。第二點，由於社會結構和自組織產生的臨界情況，我們可以經由有計畫的行動，讓我們有意識地採取正確的措施，將現象帶離它們的臨界點，也就是化解它們的臨界狀態。這正適用於那些可以完全或是部分經由社會改變而被影響的系統，例如大流行病的演變和恐怖主義，或是不受規範的金融市場。但是為什麼我們在許多自然現象中看到自組織的臨界狀態？這個自然特性有什麼優點？自然系統改變中觀察到的冪律表示，通常只有小小的改變發生。一個複雜相連的生態系統可以經由較小的改變找到一直穩定的平衡。另外一方面，也能透過很少發生但是強烈的間斷，使走入死胡同的系統達到新的、可能更穩定的平衡狀態，而這是小改變完全無法達到的境界。自組織的臨界狀態不僅意味著穩定性，也是通往激烈改變和繼續發展的可能性。

轉捩點

彈珠如何幫助我們更加了解氣候危機

　　在混亂的政權底層，結構上最小的改變幾乎都會造成行為上的巨變。

——斯圖亞特・考夫曼（Stuart Kauffman）

　　你是否曾經問過自己是從哪裡來的？對大部分的人而言，最早的印象都相當模糊，因為我們的記憶在出生幾年後才逐漸發展完成。我的第一個記憶在我三歲的時候，跟母親在丹麥度假時用一個地板滾球（Boccia）丟她的頭。那是一個實驗。但是我並不是很確切知道，是我自己記得這件事，還是只記得對這件事的敘述。我第一個可靠的

記憶跟克萊維希特有點關係，你在上一章已經認識他了。1973 年他問我年紀多大，我伸出四根手指給他看。

　　我們沒有帶著意識經歷生命的開端，這讓人對它感到懷疑。對於存在的開端，人們找到不同的答案。喜歡學術性答案的人，可能已經在生物課上得到或多或少精確的解答。事實是，生命從人類的卵細胞在母體經由精子細胞受精開始，大多數人是這麼學的。你的母親捐出卵細胞，但是你知道嗎？你母親的卵細胞早在你母親自己還是胚胎時就已經開始發展了。原始細胞，也就是你母親所有卵細胞的來源，在你母親還在外婆的子宮裡只有幾毫米大時就形成了。你的生命開端可以說早在外婆的子宮裡開始了，這有點奇怪。

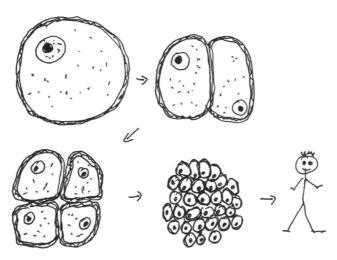

細胞分裂：從受精卵到人。

　　當卵子細胞和精子細胞結合，大約一天以後就開始進行細胞分裂，受精卵很快就變成兩個基因完全相同的細胞，也就是彼此一模一樣的拷貝，具有同一個基因計畫。大約再過一天，兩個新細胞再度分裂，然後有 4 份、8 份、16 份拷貝，胚胎在短時間內成了一堆外表無異的相同細胞。

　　把時間快轉到九個月後，你來到了這個世界上，一小堆細胞變成了（幾乎）完整的一個人。我們再等到你長大成人，你現在是由大約一百兆個單一細胞組成的。這一百兆細胞中的每一個單一細胞都還一直具備（只有少數例外）一份你個人的建構計畫——基因組（Genom）的完整拷貝。但是你不是一堆細胞，你有器官、大腦、心臟、肺臟、

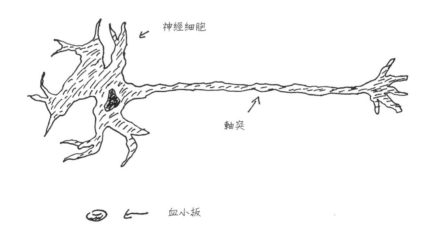

兩個人類的細胞。神經細胞有複雜的結構，軸突可以傳導電脈衝。相較之下，血小板的結構就相當簡單。

骨頭、血液和結構,你的身體一共由大約 300 個不同的細胞類型所組成。

　　那裡有神經細胞、血液細胞、不同的皮膚細胞、脂肪細胞(通常太多了)、肌肉細胞(通常又太少),不同的細胞種類有非常不同的功能和完全不同的形狀。例如個別的神經細胞(我們的腦部和脊髓裡大約有一千億個神經細胞)都有複雜的形狀。它們的軸突,神經細胞突出的地方,也就是傳送電脈衝的地方,可以長達一公尺,直徑大

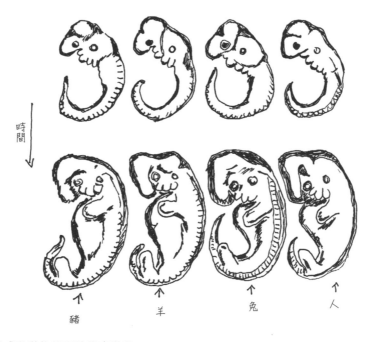

時間

豬　　羊　　兔　　人

不同哺乳動物的胚胎發育階段

約十微米（如果軸突像花園水管一樣粗，那它將有三公里長）。神經
細胞的壽命很長，發展成熟後，許多細胞會在神經系統中存活一輩
子。負責輸送氧氣的血小板比神經細胞簡單多了。它們的形狀像是被
壓扁的小圓球，體積非常小，壽命也很短，大約只有短短的 100 天，
然後就會死掉，並由新的血小板取代。它們是由脊髓裡的幹細胞製造
產生，而且很敏捷靈活，每 60 秒鐘就流過一整個血液循環。血液和
神經細胞有著相同一致的基因架構，但卻又如此的不同。怎麼會這樣
呢？當胚胎發育時，從一小堆細胞發展出所有這些不同的細胞，並且
自己組織結構成一個完整的新生兒。

胚胎發育和細胞分化

胚胎發育成完整生物個體的過程可以從兩個層面來觀察。純粹以
形態來說，不同脊椎動物的胚胎剛開始非常相似。所有物種都是從一
堆細胞開始，漸漸形成器官、四肢、頭、眼睛。在胚胎發育的初期階
段，我們很難分辨豬、羊、兔和人的胚胎，差異是慢慢才越來越明顯
的。即使是人類的胚胎，在發育的前幾個星期跟許多哺乳類動物一樣
有尾巴，這條尾巴後來才退化成尾椎。第一批有系統比較不同物種胚
胎在個別發育階段情形的科學家們假設，胚胎的發育歷程也就是物種
進化階段的快速再現。

我們觀察原始的那一堆細胞，就說是 32 個細胞吧：在什麼時候
這些細胞知道要發展成為神經細胞、肝臟細胞、皮膚細胞或是肌肉細

胞？它們又如何避免產生混亂？這是特別奇特的地方，因為這堆細胞
裡的所有細胞都有同樣的基因架構，相同的基因組。如果我們觀察細
胞分裂的時間久一些，可以確定某個時候細胞開始分化，並且決定細
胞將成為肌肉細胞還是腦細胞。原始的細胞是全能的（totipotent），
這表示，它們基本上可以發展成為任何類型的細胞。科學家在實驗中
證明了這一點，他們把原始的那堆細胞簡單地一分為二，而兩個部分
都能各自發展成為一個完整的生物個體。

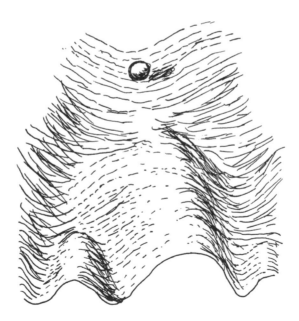

沃丁頓的表徵遺傳地景

細胞在分化過程中會採取哪些步驟，取決於內部的發展歷程和周圍環境，也可以說它們「觀察」周圍發生了什麼事。當細胞分化的過程向前開展，細胞失去它們的全能，變得多能（pluripotent），不能再發展成所有的細胞類型，只能成為少數幾種細胞。細胞分化的一連串反應具有關鍵性，使胚胎從毫無結構的一堆細胞發展成為高度分化的生物個體。當這些細胞一旦往細胞分化的過程邁出第一步，就幾乎是無法回頭了。人們稱之為不可逆轉性。發育生物學家康拉德‧哈爾‧沃丁頓（Conrad Hal Waddington）於 1940 年用著名的圖畫來比喻細胞分化 [32]。

一顆彈珠從有山脊和山谷的地形上滾下來，往山谷去的地形會越來越分歧，剛開始彈珠滾過寬闊的山谷，後來這個山谷分成兩個山谷，這是兩種可能的滾動途徑。彈珠滾進其中一條，兩座山谷沒有旁側通道，因為一座山脊阻擋在中間。這樣的過程在彈珠往下滾動時不斷重複，直到彈珠最後滾進一個最終狀態，這是眾多終態的其中之一，而每個終態也都被區隔開來。這幅畫說明了不可逆轉性，彈珠無法簡單地從一個軌跡滾到隔壁的軌跡上去。這也適用於細胞分化，不僅在胚胎發育上很重要，每天你的身體裡有幾百萬的細胞從幹細胞中新生，例如位於脊髓的幹細胞，跟胚胎裡的幹細胞類似，是多能的，能從一個細胞種類經由連續不可逆轉的細胞分化過程發展為許多其他的細胞類型。

不可逆轉性是個關鍵，可以避免在發育期間及將來產生混亂的情形。例如腦部的神經細胞不能輕易地像幹細胞一樣的分裂，這將是

一個有嚴重後果的錯誤。許多癌症疾病就是這樣產生的:因為基因改變,完全正常的組織細胞突然再次得到自行分裂的能力,進而不受控制地增生,一個腫瘤應運而生。

當幹細胞發展成不同類型的特殊細胞時,幹細胞的內部到底發生了什麼變化?細胞裡面應該有某一個開關可以被打開或是關上,並在後續的細胞分裂過程中保持這個狀態。另外,細胞也需要一個感應器,以便「知道」周圍發生什麼事。情況正是如此。個別細胞類型內部會在不同時期「表現」出不同的基因。簡單地說,每一個基因可以建構一種對細胞內生化反應很重要的蛋白質。有些基因不停製造蛋白質,其他基因只能在特定條件下才會製造蛋白質。我們可以簡單地想像一下,當個別基因製造蛋白質,它們被打開;當它們不製造蛋白質,就被關上。而打開關上一個基因又會產生其他經由特定基因製造的蛋白質。

基因調控網絡的複雜性

基因彼此互相調節影響,所以一個細胞的整體基因系統叫做基因調控網絡,它的作用有點像電腦電路。一個單獨的基因常常能控制其他許多的基因,而其他的基因又會受到外在條件的調節。在細胞分化過程中,隨著外在環境改變,不同基因逐漸關掉彼此,最後也保持關著的狀態。不同的細胞類型簡單地說就是處於整個基因調控網絡中的不同狀態。人類的基因組有大約 20000 個基因(這跟我們如何計算和

定義「基因」有點關係），而這 20000 個基因以複雜的方式互聯。

　　麵包酵母是一個簡單的單細胞有機體，擁有 6500 個基因，並不比人類遜色太多。尋常的家鼠、雞或是河豚擁有的基因數跟人類差不多。白雲杉或是玉米的基因數超過人類的兩倍，衣索比亞的肺魚基因組大約是人類的 43 倍。複雜性的祕密以及有機體的差異，原因不只在於基因，而是基因互聯的方式和對彼此的影響。

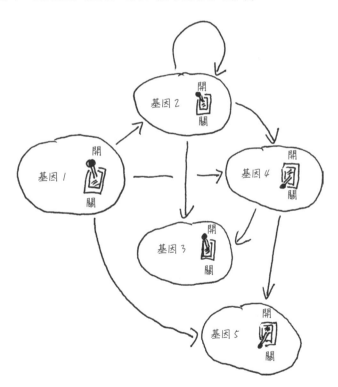

細胞裡基因互相調節，打開或關上。圖中的箭頭標示哪些基因影響其他哪些基因。

　　同是物理學家、生物學家和醫生的斯圖亞特・考夫曼（Stuart Kauffman）在 1969 年用數學研究基因調控網絡的複雜性，屬於該項研究的第一人 [33]。他的抽象模型是由一組基因加上簡單的開關組成，考夫曼模型的一個簡單版本是這樣運作的：一個基因是一個具備兩種可能情況的開關，打開或關上，數學上的 0 或 1。包含全部基因的整體系統情況可以用一連串的 0 和 1 來描述，這個序列的任何地方是一個基因的編碼。在一個由 3 個基因組成，序列是「011」的系統表示：基因 1 是關，基因 2 和 3 是開。一組 3 個基因可以有 2×2×2 = 8 個不同的整體情況：000、001、010、100、011、101、110 和 111。可能的組合數目會隨著基因的數目快速增長，10 個基因可以產生 1024 個組合；100 個基因就有 1267650600228229401496703205376 個組合（這是二乘二一百次的結果）。

　　在考夫曼的模型中，每一個基因得到隨機選取的其他基因當作輸入，這些輸入可能是正面的或者是負面的，當負面的輸入居多，這個基因會被關掉；正面的影響居多，基因打開並影響其他的基因。如果我們在模型中從所有基因的任意一個起始狀態開始，它們會逐漸改變自己的狀態，直到系統達到一個平衡的組合狀態為止。

　　考夫曼在研究中發現了一些讓人驚訝的東西。儘管開關的可能組合很多，一個網絡從任意一個初始狀態開始，會完全很自動地發展到少數幾個最終狀態裡面的一個，這些最終狀態非常穩定。如果人們稍稍干擾這個系統，例如經過外在的影響，這個系統會自動回歸到穩定的狀態，就像一顆彈珠還是會滾回溝槽裡面一樣。只有當干擾很強烈

的時候，整個系統會轉換到另外一個穩定的狀態。更有甚者：基因調控網絡很牢固，即使我們將零星幾個基因之間的聯繫切斷，或是隨機建立新的連結，網絡還是能繼續找到最終的組合狀態。模型網絡可以說是多穩態（multistable）而且牢固的。

雖然結構簡單的考夫曼模型是為了了解基因調控網絡的特性而發展出來的，但是多穩態和牢固的核心特性也適用在其他領域，尤其是在網絡結構中動態的單一元素會互相影響的領域。最好的例子是神經網絡，例如我們的中央神經系統。雖然這裡有點複雜，但是我們能把單一的神經細胞當成開關來理解，它可以調節其他神經細胞的活動，經由感官刺激會引發並處理一連串的切換過程。多穩態在這裡意味，例如神經網絡可以區分一隻狗和一隻貓區別，因為在處理感官刺激的過程中，兩個感官印象各自分屬一個穩定的內在網絡狀態，而這些網絡也特別牢固；即使神經系統中的實質部分受損，系統還是能運作。

生態網絡

生態裡具有多穩態和牢固特性的網絡具有特殊意義。不管我們是觀察地球上哪一個生態系統，亞馬遜河流域、西伯利亞、深海、大堡礁、沙漠、瓦登海濕地（Wattenmeer），或是柏林附近的古納森林（Grunewald），每一個系統裡有幾百萬個物種共存，彼此互相影響，物種的多樣性大到難以統計。前不久才有人估計，地球上大約有八萬種脊椎動物，大約七百萬的無脊椎動物，包括五百萬的昆蟲種

類，大約有四十萬植物品種，一百五十萬的真菌種類。如果把微生物有機體，也就是細菌和古菌也算進來，最新的研究估計地球上有超過一兆個物種。我們每天在生活中觀察到的，例如在森林散步時看到的植物、動物、真菌，是整個物種多樣性中微不足道的一小部分，而微生物的多樣性又是我們所見生物的十幾萬倍。

　　單單在你的消化系統中就生存了 5700 種細菌，皮膚上大約有 1000 種，口腔和咽喉 1500 種左右[34]。

一個食物網絡

在生態系統裡，所有物種以複雜的方式互相連結並彼此影響。有些物種餵養其他物種，而牠們又把其他生物當作食物；真菌類和植物以共生的形式合作；物種也會爭奪有限的資源。不同物種之間的關係常常會用食物鏈來圖示，不過英文字「食物網絡」（foodweb）更能表達出生態系統關係的網絡特色。然而最普遍的圖示一貫只標示出我們看得見的物種，而常常忽略了微生物。生態網絡做為一個整體的系統形成動態平衡，也被稱為穩態（homeostasis）：所有的東西都在活動，但是保持平衡。

一個健康的生態系統就像基因調控網絡一樣非常穩定，外在影響難以撼動，例如氣候的變化或是偶發的干擾。它能忍受四季的變化、惡劣的天氣，還能忍受我們人類到幾乎難以想像的程度。觀察我們是如何對待大自然的，我們會很訝異生態系統沒有像骨牌一樣接二連三崩潰。舉個例子：當人類十萬年前從非洲遷徙到世界各地並逐漸定居下來，所到之處的巨型動物在最短時間內被消滅殆盡，一萬兩千年前北美洲的長毛象、劍齒貓、駱駝、美洲獅就這樣消失了，南美洲的巨型樹懶和巨型穿山甲也絕跡，但是這些生態系統並沒有瓦解。如果一片森林被澈底砍伐，大自然很快就會重新開始在被開墾的土地上長出新的森林。生態系統的牢固性要歸功於自我調控的網絡結構，是它把大自然牢牢團結在一起。

對大多數的物種而言是這樣的：當只有一個物種在某個地區消失了，不論是因為偶發的事件或是經由外在環境的改變如嚴冬，整個系統並不會因此瓦解，它們之間的關係只會有些改變。如果接下來一年

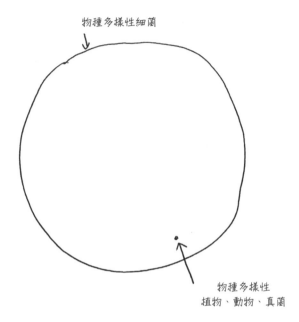

物種多樣性

的植物、昆蟲或是細菌種類數目不再那麼多，系統可以經由不同物種
的網絡調控，重新找到平衡狀態。

　　但是，並不是一直是這樣。讓我們繼續看下去。

生態系統的多穩態

　　過去幾十年來有許多科學家專研多穩態的問題。為什麼一個生態

系統很穩定？需要具備什麼條件？再者：也許跟基因調控網絡一樣，有不同的穩定狀態？科學家為了回答這些問題發展出很多模型。你還記得白靴兔和猞猁嗎？在這個掠食者—獵物系統，猞猁以兔子為食物。而描寫猞猁和白靴兔動態的洛特卡－沃爾泰拉模型可以很輕易地擴大應用範圍。這種簡單的生態系統模型可以描寫許多不同，但彼此以某種方式交互影響的物種。某些物種彼此有正面的影響（互惠）或是負面的影響（競爭），其他的物種如猞猁和白靴兔，對一方面有正面的影響，對另一方面又有負面的影響。如果我們把這個構想運用在模型與生態系統的動態上，結果顯示會有不同的穩定終態存在，它讓不同的物種組合都能保持平衡。這個狀態描寫不同物種在平衡狀態時出現的頻率。如果我們改變一個物種的頻率來干擾這個系統，這個系統會自動回歸到穩定的狀態。如果外在的干擾太強大，例如因為一個新的物種移入，或是一個已存在的物種（例如被我們人類）大量撲殺，這個系統會突然出乎意料地轉變到另一種穩定狀態。哪一個網絡特性讓生態系統保持穩定？是競爭、共生，還是掠食者與獵物的關係？我們會在〈合作〉那一章進一步闡明。

　　很多生態系統的典型特徵是所謂的關鍵物種，如果它們被大量撲殺或是被消滅，會影響其他不同物種的出現頻率。一個生態系統可以非常迅速地改變全部物種的組合，一般來說，物種多樣性會出現嚴重縮減。

　　一個生態系統的多穩態以及可能的平衡狀態，可以很容易並且有系統地用數學模型加以分析[35]。在真實的生態系統裡當然會更加困

難，因為我們一般只會體驗到一種平衡的狀態，而且也永遠不會知道還有哪些物種組合也是可行的。但是有幾個例子說明，哪些模型預測的多穩態同樣會出現在真實系統中。也許你曾經觀察到，在你家附近的湖會看起來完全不一樣。某一年湖水很清澈，另一年很混濁。事實上我們知道，湖水正好可以有這兩種非常不同的穩定平衡狀態：清澈或是混濁。在清水狀態，植物得到足夠的陽光而能成長，並可以提供更多的水蚤庇護，水蚤又能吃掉足夠的水藻，否則它們會讓湖水混濁。如果我們逐漸提高食物的供應量（例如餵鴨子），魚的繁殖量增高並吃掉太多的水蚤，藻類繁衍擴大，湖水變得混濁，植物死亡，水蚤不太能找到庇蔭的地方，結果產生更多的藻類。這樣一來，湖水可能會變成一潭死水。變成死水的過程跟臨界現象一樣，往往不是逐步發生，而是很快速地發生，即使外在的因素（這裡是餵食）只是慢慢地改變。湖水一旦變質，再恢復清澈並不是那麼容易，因為缺少植物自我強化的效應，把食物量降回變質前的水準也無濟於事，湖水還是會維持混濁的狀態。

　　轉捩點的一個典型特性就是不可逆轉性 [36]，就像幹細胞往細胞分化邁出一步以後，往回走就極為困難，有時候甚至不可能。在變質的湖裡，必須將食物明顯降到更低，或是大量減少魚的數目。這樣水蚤始能休養生息回復群體的數目，藻類可以被水蚤吃掉，植物才能慢慢長回來。一旦跨越了轉捩點，會引發一連串的事件，把系統帶到全然不同的另一種平衡狀態。即使我們中斷造成跨越轉捩點的原因，整個系統也不會再回復到原始狀態。這種效應被稱為滯後（hysteresis）。

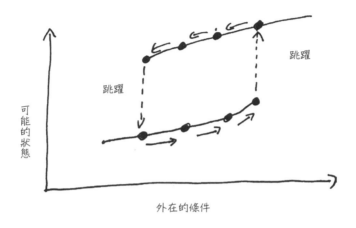

滯後

　　胚胎發育時，單一細胞經由環境緩慢地改變而進行不可逆轉的分化過程，並且透過自身形狀和功能的小改變來達到預料不到的突然轉變，這是必要而且是有益的。但是對於生態系統而言，不可逆轉性卻會比較不利。

　　我們可以用渥丁頓彈珠在兩個窪地的簡單形式來解釋不可逆轉性。請你想像一個彈珠在一個窪地裡，這個窪地相當於一個可能的平衡狀態，如果彈珠被稍微彈出這個平衡狀態，它自己會滾回來，直到靜止為止。然而還有第二個窪地，被一座山丘隔起來，彈珠也可以停在裡面。山丘以及河谷的「風景」經由外力的影響慢慢改變，例如上面的窪地上升了一點而且變平坦了。首先彈珠還會停留在窪地裡面，但是如果窪地繼續變平，最後消失，彈珠會自動滾進第二個窪地，也

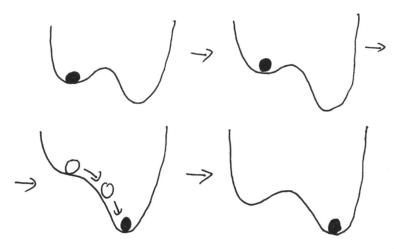

兩個窪地

就是另一種可能的狀態，另一種平衡，就算我們把外在的影響回歸到原始狀態，彈珠還是會堅守在第二個狀態，要將它帶回原始狀態會很費勁。

　　儘管兩個窪地模型如此簡單，生態系統中還有一些其他的轉捩點能用它來描述[37]。在許多緯度上，森林和草地是兩個穩定的風景狀態，草地上年輕的樹木很難存活，因為吃草的動物讓草原或是稀樹草原不會自動被森林覆蓋。相對的，已經長好的一片森林地也會保持穩定，因為它們能比沒有樹木的土地更能保持水分。19 世紀末坦尚尼亞和波札那的森林能自動再度擴張，因為大型的草食性動物大量被獵殺，即使草食性動物的數目後來又恢復，長成的林地維持穩定。相反

的，特別是在乾燥地區過度砍伐森林會造成沙漠且無法逆轉，因為大型樹木的數量減少連帶也使涵養的水分變少，這個地區乾涸，樹木無法再生長。

　　通常海洋生態系統的穩定狀態尤其複雜，它們更強烈地受到變數如海流以及介於全球氣候、區域大氣情況和海洋間的交互作用的影響。科學家們可以透過對不同特徵，例如漁獲比例、浮游生物的密度等等的精確研究，確定 1965 年到 2000 年之間單單在北太平洋有兩次全球大規模的狀態改變，這兩次改變在一年的時間裡永久改變了生態系統[38]。這種所謂的「狀態轉變」（regime shifts）到目前為止都讓人難以理解。人們假設，它們分別是因為跨越了一個轉捩點（不論是自然發生或是人為造成）所引起的。物種的組合對海洋生態系統特別重要，過度捕獲關鍵物種，也就是特定的掠食性魚類，可以引起一連串的事件讓系統快速失去平衡，而且不可逆轉地進入一個新的狀態，而且是一條不歸路。

生態系統，氣候和轉捩因素

　　一個生態系統會呈現什麼狀態，跟氣候條件的穩定性有很緊密的關係。反向的影響力也會有效：全世界的生態系統決定氣候的發展並且穩定氣候。如果生態系統因為跨越了轉捩點而在最短的時間內發生極大的改變，它們同樣也會使區域性的氣候系統不穩定。我們最好把氣候理解為動態的部分系統所組成的網絡，例如亞馬遜河流域的雨

林、洋流，它們彼此影響。目前從氣候模型得知，不同的區域性因素，所謂的轉捩因素很重要。每一個因素可以有兩種不同的狀態，然後又會影響其他因素。2005 年有 36 個氣候專家聚集於柏林的「地球系統裡的轉捩點」工作坊。他們總結這些因素中的哪些因素在政治上至關重要，全球暖化惡化到什麼程度，氣候到哪個時間點會因為全球暖化突然產生巨變。結果令人憂心 [39]。

　　覆蓋格陵蘭的冰層就是一個轉捩因素。如果它開始融化，露出來的陸地會讓溫度繼續升高，然後又讓融冰加速。不到 300 年的時間裡，在地球暖化 3 度這個臨界溫度下，格陵蘭將不再有冰覆蓋，這會導致海平面上升 2 到 7 公尺，並帶來嚴重的後果。亞馬遜河雨林是氣候轉捩因素的另一個例子。在全球暖化大約 3 到 4 度的時候，砍伐森林再加上南美洲太平洋岸出現更頻繁嚴重的聖嬰現象所造成的乾涸期，將在 50 年內造成雨林消失，同樣也會替全球氣候系統帶來不可預料的後果。

　　地球氣候一個影響深遠的轉捩因素是所謂的海洋溫鹽環流（thermohaline circulation），它是經由不同的水溫（thermo）和水中的鹽濃度（haline）所驅動。它就像一條巨大的洋流輸送帶，將五大洋的其中四個連結在一起，並讓幾千公里範圍的溫度和水交替循環。海灣洋流是這條輸送帶上一個很重要的動脈。如果格陵蘭和北極的冰因為地球溫度上升而融化，融化的淡水流進北大西洋，北大西洋洋流的溫鹽環流會重新組織並停止移動，並在最短的時間內給氣候帶來不尋常的後果，而且讓其他的轉捩因素跨過它們的門檻。由人類所造成

的緩慢且持續的地球暖化，會讓這許多轉捩因素裡的突然改變一個接一個、彼此強化地出現，最後把整個氣候系統帶到另外一種狀況[40]，而這個狀況基本上可能跟我們所認識的完全不一樣。

地球的歷史可以顯示跨越氣候轉捩點會有哪些不尋常效應。我們從海洋沉積層的研究結果知道，不同的時間點上曾發生過所謂的海洋缺氧事件。在相對很短的時間內，海洋的氧氣濃度大幅度下降。在這個階段，由於強烈的侵蝕作用或是頻繁的火山爆發，風化產物進入海洋，海洋得到過多肥料，重要的溫鹽環流也被阻斷，就像你家附近的湖泊一樣，所有海洋可以說同時變質。我們猜測，全球的海洋轉捩點已經多次被跨越，部分事件造成海洋內大量生物死亡，海洋要經過十幾萬年才能從這些事件中恢復。

要如何辨識一個系統是否正面臨轉捩點呢？我們可以計算出情況有多嚴重嗎？在〈臨界狀態〉那一章我們看到，當臨界現象接近臨界點時，它真的會發出動態訊號。轉捩點的情況也是這樣，逐漸靠近轉捩點時，系統裡偶然會出現較強的波動。每一個自然系統一直都會受到某一些偶發的環境因素影響，它們會稍微影響系統的平衡，但是系統自己又會自動恢復平衡。我們再次回到彈珠那張圖：透過偶然的外在影響，彈珠不斷會被彈出平衡狀態，但是又會滾回來。可是逐漸靠近一個轉捩點時，系統本來堅守的穩定窪地越來越平，這表示，讓彈珠往左或是往右移動的小干擾，都會比在一個又深又狹窄的窪地裡的影響還要大，系統較難自己找回平衡。在彈珠圖裡我們還了解到另一個特性，它會隨著臨近轉捩點而出現，科學上把它稱為「臨界延

遲」（critical slowing down）[41]。因為窪地在轉捩點前幾乎是平的，彈珠重回到窪地最小的穩定點上需要更長的時間。正是這兩種效應，較強的波動和延遲恢復平衡，可以在非常不同的系統中測量到。

　　一個典型的轉捩點系統出現在漁業。例如假設不捕魚，波羅的海的鱈魚群體數量會成長，直到一個平衡點。在這個平衡點上，繁殖以及有限的食物供給兩個因素會將群體維持在穩定的數目下。如果現在有特定額度的鱈魚被捕獲，剩下的群體間競爭也跟著降低，所以儘管有漁撈業，群體會再度調節達到平衡的數目。但是如果捕獲量太大進而跨越了轉捩點，鱈魚群體數目衰竭，要等到捕獲量比轉捩點之前的捕獲量明顯還要更少時才可能恢復。跟這個一樣的真實情況中，人們觀察到漁獲比例只要緩慢增加，群體數目的波動也明顯增加，群體數目在衰竭前的波動尤其劇烈。

　　地球歷史上大型的氣候變遷，例如從冰河期進入溫暖期的過渡階段，我們也可以確定曾出現較強的波動和「臨界延遲」兩種現象的組合。大約在三千四百萬年前，地球是被非常溫暖的熱帶氣候籠罩著，極冠上並沒有冰，這樣的氣候穩定地維持了幾億年，最後進入了較冷的循環階段，極冠被冰覆蓋。這個暖房—冰窖過渡階段的印記可以很容易地在南太平洋的石灰沉積層測量出來，那裡能證明石灰濃度曾大量升高，但是早在突然發生過渡期的幾百萬年前，過渡期就已經預先表現在石灰沉積物的波動上。目前生態學和氣候研究的無數例子證明，絕大部分的引爆點都會發送出這個普遍的訊號。

　　轉捩點以及當外在影響逐漸改變而使系統狀態快速轉變到下一個

狀態的過渡期，並不只出現在生態系統或是氣候模型。這個過程在社會系統中也扮演了一個很重要的角色[42]，尤其是在社會規範快速轉變時，最能觀察到轉捩點的出現，常常是社會上活躍的少數，他們能達到臨界值並讓一個社會規範迅速地改變。我們可以舉出原本穩定後來卻突然轉變的社會規範例子：例如不能容忍在公共場所吸菸，大麻在許多國家合法化以及其他社會規範和習慣的轉變。描寫社會規範和習慣動態的最簡單模型，在數學運作上跟彈珠在窪地的模型非常相似，彈珠模型有助我們了解生態系統。在〈集體行為〉那一章將會進一步討論這個主題和相關例子。社會規範突然改變的最重要因素也是動態元素的相互連結；在這個情況下指的是一個團體或是一個小組裡面的人，他們在網絡裡互相交流。

　　到目前為止，就像開頭提到的一樣，生態網絡模型也被用來幫助我們更加了解經濟系統，特別是全球金融體系的動態。在金融市場上，所謂的系統風險是一個很重要的數值，這個風險描寫整個相互連結的金融體系或是一個經濟分支癱瘓的機率，因為經由市場上複雜過程自我強化的一連串負面事件，例如單一銀行的破產，會動搖整個系統。自從 2008 年的金融危機開始，我們已經很清楚，傳統的經濟模型既不能預測這些危機，也不能做出讓人滿意的解釋，而且也很難用傳統的理論將系統風險量化，也只能適度察覺到系統癱瘓的徵兆。金融危機帶動了一連串的研究計畫和科學論文報告，裡面引進了生態學和網絡理論的想法，還將轉捩點、多穩態和與干擾相對的牢固等概念帶進經濟學中[43]。在美國中央銀行委託的一項研究中，科學家研究了

一個由 5000 家銀行組成的網絡，網絡中的連結代表個別銀行間的金錢來往。科學家們發現這個網絡極度雜亂無章，這表示，有很多連結（高節點度）的銀行很常見於跟較小的銀行（節點度較小）連結，反之亦然。類似的網絡結構可見於真實的生態網絡中，例如由開花植物和授粉昆蟲組成的共生網絡。跟許多昆蟲合作的開花植物特別喜歡專門的昆蟲。而對花朵不挑剔的昆蟲替許多花朵授粉，其中許多花朵常常只接受這一種昆蟲授粉 [44]。理論分析指出，這一種網絡結構面對干擾特別牢固，但是只侷限在一個特定的範圍。如果施與網絡過大的壓力就會達到轉捩點，並會不可逆地癱瘓。從這個認知可以得出結論，基本上金融市場的結構能將系統風險維持在很小的程度，但是透過漸進的改變，例如持續不斷的成長，會一再達到轉捩點、癱瘓，並引起全世界的金融危機。這裡正是最基本的差異所在，生態網絡不是以成長為導向，而是以動態平衡為主。社會經濟體系的永續設計可以拿這個有幾百萬年歷史的成功結構當作榜樣，幫我們避開有著高額代價的嚴重危機以及經濟與個人的沉重苦痛。

集體行為

愛的大遊行、歐洲椋鳥、鯡魚和行軍蟻之間的共同點

　　牠們繞圈，一會兒緊密如一個拋光的屋頂，然後又散開像掛在天上的網，盤旋上升，像一支箭。天空的瘋狂景象。

　　　　　　　　　　　　　──愛德華·賽路思（Edward Selous, 1857-1934）

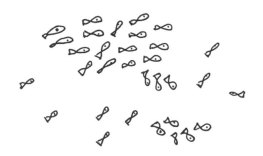

　　如果在十月到二月間搭火車去羅馬，有很大的機會在火車站前的十六世紀廣場見證一場美麗但又像謎一般的大自然表演。因為來自北歐的幾百萬椋鳥會在義大利度過深秋和冬季，白天這一大群鳥分散在羅馬郊區外的田野間覓食，晚上才回到城市裡找睡覺的地方；牠們特別喜歡火車站前廣場上的樹。太陽西下前，椋鳥群聚在一起，成千上萬地在天空飛舞，遊客們舉起手機拍下這場奇觀。這場奇幻的表演很難用言語描繪，一大群椋鳥瞬間改變飛行方向，來回盤旋，分開，下

一秒又再度以高速聚合在一起，沒有互相衝撞。羅馬的椋鳥群就像氣體和液體的混合物在天空中洶湧波動。請你現在拿出手機或是打開電腦，搜尋「椋鳥在羅馬之舞」（Tanz der Stare in Rom）。請在繼續閱讀之前看幾段影片。

　　觀察鳥群時會想到不同的問題：一個有上千隻鳥的群體怎麼可能同步更改飛行方向，這些動物怎麼知道什麼時候往哪裡飛，又如何在高速飛行中避免相撞？牠們如何集體反應外在的影響，例如當遊隼對鳥群發動攻擊時，個別的小鳥如何決定應該要採取哪個行動，鳥群的結構、內聚力和靈活性是如何產生的？為什麼鳥群要這麼做，而且每一天不間斷？雖然羅馬的椋鳥群非常特別，但是我們一般認為鳥群是很稀鬆平常的景觀，只有當我們抽出時間觀察這個現象並加以思考，才會很訝異這是如何運作的。每一隻鳥不斷在活動，必須在毫秒之間對其他的鳥做出反應，沒有任何一隻鳥居主導地位，是群體一起做出決定，在十六世紀廣場的樹上找到休息的地方。

　　鳥群的動態從幾世紀以來就引起大自然的研究者和科學家的興趣。1931年那個時期最著名的鳥類學家之一愛德華·賽路思出版了一本書，書名《鳥類的心靈感應（還是什麼？）》（*Thought-transference*〔*or what?*〕*in birds*）。他在書裡提出一個假設，例如面對掠食性鳥類的攻擊，一大群鳥高速和精細的集體反應只能用心靈感應的機制解釋。集體超過個別元素的總和，牠們以一個整體的形式做出決定，就像群體的大腦一樣運作。要不然上千個動物中的每一隻動物如何能在變更方向和速度時做出適當的決定？為什麼一個訊號在群體中的傳輸

速度超越單一小鳥處理訊號的界線？

　　賽路思不是神祕主義者，不是招搖撞騙的人，而是一位著名的科學家。在維多利亞女王時期的英國，心電感應、心靈學和傳心術在科學家中也不乏熱衷者。這些機制受到科學家討論，因為用當時的方法無法解釋一群動物在沒有領頭動物的帶領下，如何突然大幅度改變方向。

　　集體行為不是只出現在椋鳥和其他群聚的鳥類身上，許多魚類也是純粹的群體動物，一起同步行動，互相協調，對掠食性魚類的攻擊做出集體反應。鯡魚是其中的佼佼者，它們組成一個可以涵括三十億個個體的巨大魚群，以整體的型態游行很長的距離，群體體積達幾立方公里。從進化論的角度來看，鳥類和魚類集體行動比單獨行動更安全，這是明顯的事實，牠們用快速的方向轉變和混亂來迷惑掠食者。例如羅馬天空上的椋鳥就經常遭受遊隼的攻擊，遊隼嘗試將個別的獵物從鳥群中叼出來，一隻單獨的椋鳥很難逃脫遊隼的攻擊，因為遊隼的飛行速度超過每小時 300 公里，是這個星球上速度最快的猛禽。當遊隼遇到鳥群，它很難在混亂中將焦點聚集在單一的獵物身上進行捕獵。除此之外，整個鳥群反應牠的攻擊，將威脅的資訊非常迅速地散播開來。魚群的行為也是這樣，群體帶來安全。

行軍蟻

　　特別讓人著迷的是群體生活的昆蟲如螞蟻、蜜蜂和白蟻。每個

人都看過紅蟻的蟻塚,從遠處看,蟻塚靜靜矗立在那兒,但是仔細觀看,可以看見工蟻忙碌地來回奔走,負責建築蟻窩,修補蟻窩和搬運食物,但是我們看不到蟻塚內部複雜的共處情形。如果我們考慮到個別螞蟻的大腦相對之下很小,就不得不對這些動物的集體表現另眼相待。南美洲雨林居住了一種特別有趣的紅蟻種類名叫鬼針游蟻(Eciton burchelli),它們表現出複雜的集體行為令人嘆為觀止。跟我們的紅蟻不同,這種掠食性的紅蟻過著游牧生活,日常生活過得很緊湊,總是匆匆忙忙。一個鬼針游蟻的群體通常是由四十萬個單一螞蟻組成,每天早晨有大約一群二十萬的兵蟻蜂湧出去打獵,所以這些螞蟻的英文名字叫「行軍蟻」(army ants),它們組成一個有 100 公尺長 20 公尺寬的行伍,像閃電般獵食其他昆蟲和小型哺乳動物。鬼針游蟻的兵蟻看起來跟小蜘蛛很相像,就螞蟻來說,它們有著不尋常的長腳,能在一秒鐘內行進 15 公分。它們冷不防地突襲獵物,讓獵物難以防範,因此很成功,所以有特定的鳥類專門一路伴隨這些紅蟻,並搶奪被它們驚嚇到的昆蟲獵物。

　　鬼針游蟻的窩叫做宿營地,構成物是螞蟻!因為這些紅蟻要迅速拆除帳棚並且繼續前行,以便每天能進攻新的區域,物種進化因此想出了一個非常有效的解決方法:幾十萬隻紅蟻彼此咬著勾在一起不放,替蟻王和蟻蛋編織一個靈活的窩。晚上蟻窩會被拆掉,群體遷徙到另一個地方,準備第二天的出擊行動。這個過程非常有效率,因為獵食行動會以最大的速度進行。紅蟻看不見東西,全靠費洛蒙信息素、氣味來標誌路線。每天獵人經由主要道路運送高達三萬件獵獲物

到窩裡，這裡必須解決一個運輸問題，因為螞蟻在路上來來往往，必須避免在迅速的運輸過程中相撞，因此它們自動形成兩條方向相反的平行軌跡。就好像在高速公路上一樣，螞蟻只往一個方向行動。鬼針游蟻自動形成三線道，外面兩條道路讓螞蟻從窩裡往窩外走，中間那條道路則是從外面回窩裡的路線。

　　但是螞蟻怎麼調控呢？很有趣的是，我們也認識一種類似的現象，那就是行人人潮形成的路線。在市中心人潮洶湧的人行道，或是地鐵站狹窄的通道裡，也會形成這種典型是平行，但是方向相反的人行路線。通常是兩條，但常常也有好幾條，不是一直都是靠右走，有時候路線會分岔或是換邊。但是跟螞蟻一樣，路線是自動形成的。所以兩者的基本機制是相似的嗎？這不是純粹的學術問題。對於人類集體行動行為的了解有多重要，下一個例子將有說明。

鬼針游蟻

愛的大遊行

　　2010 年 7 月 24 日第 19 屆愛的大遊行在德國杜伊斯堡舉行，這是一場電子音樂活動，始於 1989 年，最初每年在柏林舉辦。第一年大約有 1000 個電音粉絲齊聚慶祝，幾年後，愛的大遊行成了國際性的大型活動，有超過一百萬的訪客。遊行花車是特色，跟狂歡節一樣行經慶祝的人群。後勤專員引導人潮通過入口，抵達花車車隊遊行路線，人群以緩慢的速度移動，密度常常高達每平方公尺五到六人。這種人擠人的情形在杜伊斯堡釀成了災禍，一共有 21 個人死亡，超過 500 個人受傷。

　　到底發生什麼事了？主辦人事先規劃的道路引導人潮通過一個隧道，然後走上一個斜坡，遊行車隊應該在這個斜坡的終點「帶引」最前面的訪客繼續走，好把位子空出來給後面的人。意外發生的時候場地上有三十五萬個人，遊行行列這時出現壅塞，導致人群密度大幅增加，並產生一個動態現象稱為「人群亂流」（crowd turbulence）。一堆非常擁擠的人潮像濃稠有彈性的液體，會傳出一波一波強烈的壓力波動，它們還會推波助瀾互相增強。壓力波可以強到把人壓扁，使人窒息，摩肩接踵的擦撞還能把人的衣服扯下來，或是把零星的人甩出人群。雖然在擁擠的人群中，每個人並沒有向前移動，但是人潮有時候還是以極快的速度向前「流動」。事件發生後，大家剛開始討論的結果跟後來不一樣，後來證明這起意外不是因為恐慌造成的，而是臨時形成的人群亂流所導致的動態結果，唯一的原因是人群超過了臨界密

度，當人群亂流形成，人群才出現恐慌並加強了亂流的效應。

　　這類型事件發生的頻率不低，每年沙烏地阿拉伯的朝覲活動中經常會發生類似的事件。每一年有超過兩百萬的穆斯林前往麥加，參加這個重要的回教朝聖之旅，對公家機關和主辦人是後勤安排上的一大考驗。在麥加附近的米納（Mina），朝聖人潮會被引導通過加馬拉（Jamaraat）橋，信徒在那裡行對撒旦投石的象徵儀式。這座橋上不斷發生許多死亡事故，2006 年有 364 人死在這座橋上，就跟愛的大遊行一樣，是臨時形成的人群亂流造成不幸的意外事故。我們已經能明確描寫這個現象，為什麼還是不能避免這些悲劇呢？問題在於我們還不是很確切了解人群亂流是在什麼條件下，也就是說在多少的人群密度以上，或是經由哪些外在的因素形成的，我們又如何可以避免它？我們缺少對這種人群行動基本機制的知識。接下來有更多的訊息。

群體行為

　　鳥群和魚群、集體行動的行軍蟻、愛的大遊行的不幸意外和米納的事故到底有什麼共同點？發生恐慌的情形以及人類在擁擠情況下的行動，不是很明顯是一種行為心理學的現象嗎？是由人類的決定而產生，鳥類的群體行為則是由直覺主導的？你馬上就會看見，這些現象不僅以最基本的方式連結在一起，它們幾乎也遵守同一個規律性。就算是更複雜的過程，如集體的決策過程、社交媒體上的輿論形成，甚

至包括社會的兩極化和極端主義的出現，常常是植基於非常類似的規律性和規則。

對群體行為做學術上的研究並不是很容易，一個最早期的模型是1995年匈牙利的物理學家塔瑪斯・維茲賽克（Tamás Vicsek）和他的同事提出的[45]。這個已經理想化而且很簡單的維茲賽克模型，將群體行為減少到少數基本元素，許多群體中的單一個體以穩定不變的速度在它們的世界裡自由活動，每一個個體有一個行進方向，但是會受到偶發因素影響，偶爾也會改變方向，因此群體中個別個體的行動看起來是不穩定的。

現在談到核心因素：每一個個體會受到鄰近周圍其他個體的影響，這些單一的個體「看」小範圍內其他個體採取哪個行動方向，然後試著將自己的方向配合其他個體方向的平均值。因為所有個體同時

維茲賽克模型。群體中的所有個體以相同的速度往不同的方向行動，每個個體嘗試配合小直徑範圍內，附近鄰居的平均方向（黑色箭頭）並且重新校準（左圖）。如果隨機開始這個模型（中間的圖），很快就會自動形成群體（右圖）。

遵守這個規則，而且它們也會受到偶然改變的方向所影響，因此提出一個問題，一個有共識的方向是自己形成的嗎？電腦模擬顯示情形是這樣的：在特定條件下，例如當所有個體群聚的密度夠大時，短時間內就可以形成一個有集體方向的群體，它們的方向改變得很慢。如同前幾章的同步現象和臨界現象，在這裡從一片混亂到集體的群體行為，人們看不到漸進的過渡階段，而是當一個臨界點被跨越後，集體行為會突然轉變，要不全部個體會顯示群體行為，要不就完全沒有集體行為，不會有一些個體採取集體行為，一些個體不採取集體行為的中間地帶。雖然這個模型不真實（群體的個體不相撞、所有個體的速度一樣並在一個層面上活動），但是這個模型還是帶來了一個突破性的認知，因為它能顯示集體行為是有可能的，前提是每一個個體只跟它周圍其他少數幾個個體互動，並不需要對所有的參與者做出反應。

　　幾年後，生物學家伊恩‧庫辛（Iain Couzin）和彥斯‧克勞塞（Jens Krause）介紹了一個相近但是稍微真實一點的模型[46]。在這個模型中，群體中的個體還遵守另外兩個規則：群體中的個體如果靠得太近會互相避開以免相撞，另一方面它們又會像重力一樣彼此互相吸引。這個模型也能複製自動形成的集體行為，而且它會的還更多。科學家在這個模型中觀察到三個典型的群體狀態：一，所謂的片狀狀態，在這種狀態下，幾乎所有個體集體往一個方向游或者飛。二、漩渦或是石磨狀態，群聚的個體以圓形漩渦的方式行動。三，混亂的群體，這種狀態讓人想起蚊群：個體的行動雖然是偶發，但仍聚集在一起。雖然庫辛─克勞塞模型也大幅度抽象化和簡化，但是能準確預測

這三種可能的群體狀態,而這三種狀態也實際出現在真實的鳥群和魚群中。直到現在,在真實的群中還沒有觀察到其他穩定的隊形。

　　魚群也常常在沒有特殊可見的原因下,在漩渦和片狀狀態之間來回切換。群的研究者提出一個問題,為什麼魚群會切換狀態?又是透過什麼會引發狀態的切換?一直等到這個電腦模型,才能顯示這種狀態切換是偶然自動形成的,而且只是透過簡單行動規則的集體作用。所以它不可避免,而且是集體行為自動湧現的特性,不需要附加的環境機制。當科學家在模型中加入個體的逃脫機制,它們還可以顯示集體如何對現在的情況和敵人可能採取的攻擊做出反應。這個附加的機制非常簡單。

　　當一個獵食性動物靠近,群體成員嘗試改變行進方向游開,附近其他的魚發現方向改變了,會很自動地跟隨這個行動。獵人攻擊時,群體所形成的圖形跟真實鳥群和魚群的圖形異常相似。這些模型和許

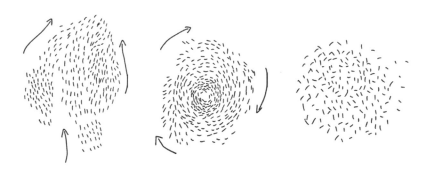

在大自然和模型上觀察到的三個群體狀態

多更為精細的變化模型提供我們基本認知：對個別動物的局部影響，也就是對鄰近少數其他個別動物的影響，會產生普及整個群體的集體行為。群體以整體的形式對外在影響做出迅速和正確的反應，並沒有領頭動物指揮，也不是所有個體知道其他個體會做什麼。

　　但是庫辛覺得還不夠，他想在大自然中證明模型的假設，因此在世紀交替之際，他用金頭鯛做了一系列的實驗，革新了我們對動物和人類集體行為的理解，並讓他一舉成名[47]。金體美鯿（Notemigonus crysoleucas）的幼魚大約有四到五公分長，在自然環境中以魚群方式，緊密地在水面下移動。庫辛的實驗用了一個數公分深，一乘二公尺大小的水族箱，從上面拍攝 150 隻魚的活動。為了能仔細測量哪些成員私下交換訊息，庫辛團隊的科學家研發出一種特殊軟體，能以極快的速度掌握所有魚的位置、方向和行動。如果金頭鯛受到驚嚇會在魚群裡傳出一連串的逃竄行動，而電腦程式可以準確掌握哪些魚對哪些魚做出反應。實驗可以證明，個別的金頭鯛只對身旁少數幾個鄰居的訊號有反應，但是訊號卻可以快速地在整個魚群裡散播開來。

　　以安德烈・卡瓦納（Andrea Cavagna）為首的義大利科學家在一個很相似的實驗中分析了羅馬椋鳥的活動[48]。這個團隊在國家博物館的屋頂上裝設了幾架攝影機，在超過兩年的時間裡從不同角度拍攝了若干椋鳥群，藉助一個特別研發的演算法，他們能複製每一隻鳥的位置和速度。他們非常精準的分析顯示，椋鳥只對身旁附近的一小群其他的椋鳥有反應，但是牠們之間的距離是有「彈性」的。每一隻動物有自己的和來自鄰居相當牢固的消息網絡，但是只對鄰居的方向改變

做出反應。椋鳥跟金頭鯛一樣，只處理局部地區性的消息。這兩個實驗確認了理論模型所植基的簡單基本規則。

人群

人類在「群體」中的行為如何？行為生物學家彥斯‧克勞塞想要知道，並和他的同事一起針對人群做實驗。

科學家們想研究，人類是否在特定規則下也會顯示出類似的群體狀態。在一個大廳裡，200 個志願者被任意安排站在一個直徑 30 公尺的圓圈裡，並且要隨機選擇一個身體面對的方向。實驗要求測試者必須在聽到「走」的訊號後，遵守下列的規則：一、他們必須以正常的行進速度活動；二、彼此的距離不能拉得太長，但是沒有告訴他們必須以別人的行動方向為依歸，並且避免相撞。然而在發出行動訊號後，剛開始雖然有一陣混亂，但是在 30 秒後產生一個集體的行進圖形，一個典型的漩渦狀，所有的參與者行走在一個圓形的人流中。有時候也會形成兩個同心的漩渦，在裡面軌道的人往一個方向走，在外面軌道的人往另外一個方向走。

人群跟魚群和鳥群的平行相似處明顯易見。即使沒有對人群提出特別要求，人們還是遵行方向規則，也就是我們從模型得知對漩渦隊形必要的遵行方向規則。

物理學家迪克‧黑爾賓（Dirk Helbing）大約在同一個時間研發了另一個數學物理模型，特別是針對人群設計的[49]。黑爾賓是第一批嘗

如果讓人們群集在一起，很快會產生同心的，有時候方向相反的漩渦運動。

試用物理學思維以及數學的規律性來描寫並解釋行人動態的科學家之一。他的出發點是，理想氣體和物理質量粒子表現出來的典型動態，質量粒子藉由它們之間的作用力來改變它們的速度和方向。從結構來看，黑爾賓模型跟傳統力學的牛頓運動方程式相仿。在一個氣體中分子自由活動，並且像撞球撞擊撞球檯一樣互撞。當然如果人們對彼此的方向沒有反應也會相撞，而這種情形偶爾也會發生。黑爾賓將這種

物理上的力擴大到所謂的「社會力」，因為行人走在街上通常有一個目標，所以他們的行動會有一個偏好的方向，模型中一個人的目標會發出一種吸引力。如果一個人太靠近一個障礙物或是另外一個人，這時就會有第二個社會力發揮作用。這個力量產生排斥效果，就像磁鐵兩個相同的磁極互斥，會輕微地改變方向，人會避開障礙物。如果沒有迴避的可能，人也會相撞，他們或推或擠，這時也會像物理過程一樣產生摩擦。

　　黑爾賓可以在電腦模擬裡研究不同的場景，一個簡單的例子是人行道，行人在上面可以雙向行走。行人密度不高的時候不會產生任何結構，個別的行人很少要讓路，差不多是直線向他們的目標邁進。一旦超過了一個特定的行人密度就會自動產生方向軌道，跟螞蟻很像。視人行道的寬度而定，有時候形成兩條，有時候三條，有時候是多條軌道。模型的預測在後來的實驗中得到證明，實驗中要求與試者以一個方向，或是另一個方向通過一座隧道。行人密度會做不同的改變，就像黑爾賓的模型一樣，在特定的密度以上會形成整齊的雙向行動流向，而且是在沒有人發出訊號的情況下。

　　黑爾賓的社會力模型很普遍通用，它也可以應用在像愛的大遊行或是麥加朝聖人潮那樣高度擁擠的情況上[50]。如果讓模型中所有行人往同一個方向走並增加行人密度，人群的速度首先保持穩定，但是一旦達到一個臨界密度，整體速度會突然下滑，而且是以非常大的幅度下滑，不是持續緩慢地減速，也沒有「交通緩慢」的情況，而是立刻壅塞。

　　壅塞特別容易發生在人行道上所謂的瓶頸，也就是狹隘的地方，道路在這裡暫時變窄，因此使密度提高。不僅如此，模型還預測，當擁擠人群的密度增加時，人潮會經歷三個階段，而且只有這三個階段。階段一：一個片狀的階段，人群以緩慢穩定的速度前進。階段二：典型的走走停停階段，在這個階段形成壅塞，壅塞的情況是向後方蔓延，與行進的方向背道而行，行動速度明顯下降。這兩個階段我們在大城市的汽車尖峰時段，或是假期開始後的高速公路上都已經見識過了。不過人潮還有第三個階段：人群亂流，這正是造成愛的大遊行和朝觀活動中不斷發生慘劇的現象。如前所述，人群突然像混亂的液體，透過極為強大的壓力波動，使人潮中的部分人群以較高的速度來回移動。這個模型也可以用個別行人遵守的簡單行動規則，來具體描寫和複製人潮所形成的完全不同情況。

　　然而更重要的是，這個模型可以提供我們資訊，讓我們在危險的人群亂流開始之前就能認出情況會變得很危急。就跟臨界現象一模一樣，統計學上可測量到的活動上和行人密度上的波動，能預告眼前面臨的臨界點。這個模型也可以對這樣的情況提供預警。除此之外，藉由這個模型的協助，可以研發出一個管理系統預防人群亂流的形成。管理系統會自動測量統計行動人群中的波動，一個能分析實時錄影的演算法，可以在狀況發生前幾分鐘發現人群亂流的徵兆，並且對人群發出警告。所以在2006年朝觀活動發生不幸事件之後，米納可以在朝聖者的管理系統上做出相應的改善措施。

　　另外一個應用在實務上的例子顯示，一開始看起來沒有道理的措

施常常能在擁擠的人群中發揮作用。當快速疏散大空間裡的人群時，許多人同時湧向緊急出口，在這裡人群增多並形成壅塞。黑爾賓的模型顯示，兩個相鄰小出口疏散人群的速度要比一個寬兩倍多的大出口更快[51]。更令人訝異的事實是，如果在緊急出口前一公尺處設置一個障礙物，可以提高一個大廳的疏散速度。模型正做出了同樣的預測：如果在緊急出口前設立一根柱子或是一面窄牆，人們自動會排成兩道人流，並按照拉鍊原則交錯地離開大廳，很少會形成壅塞或是人群亂流。這項預測也在人為安排的疏散實驗中得到證實，目前也應用在實務上，例如在音樂會大廳裡。

集體智慧

　　儘管螞蟻、魚類、鳥類和行人的集體行動很複雜，但是它們只展現了集體行為中的一部分觀點。如果讓集體做決定，又如果群體比它

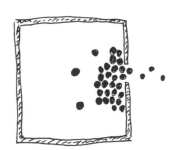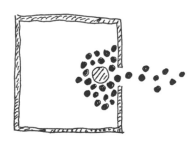

疏散時的恐慌。如果在緊急出口前設置障礙物，可以更快地疏散一個房間內的人群。

的個體更聰明（或是更笨），事情則會變得特別有趣。在動物身上我們不難往這個方向思考，但是如果想到自己，也許會有點難接受我們做為一個整體比每一個個人要聰明。但是有非常多的例子證明人類的集體智慧（或是愚蠢）。

　　但是在討論這個主題之前，我們回到行軍蟻身上。單看鬼針游蟻用自己的身體來築窩，就是一項非常令人驚訝的協調行為。它們集體能做的事還更多，當兵蟻成群結隊攻擊周圍的地區時，牠們必須把路架在崎嶇不平、被樹葉覆蓋的森林地上，這並不容易。如果遇到地上有坑洞，牠們乾脆就用自己的身體把洞填滿，替別的螞蟻把路鋪平。牠們也用自己的身體築橋，庫辛在實驗室裡仔細研究了這個情形[52]。結果：這些橋在用到盡可能少量的螞蟻下達到了最高的穩定性，因為「建橋的螞蟻」就不能參與狩獵。螞蟻集體解決了一個數學上優化的問題，這是集體智慧的明顯標誌。

　　同樣聰明的是源自南美洲惡名昭彰的入侵紅火蟻（Solenopsis invicta），牠們在美國南部演變成生態上的一大問題。這個攻擊性很強的蟻類越來越常攻擊人類，甚至有能力逃過水災。當大雨的雨滴掉落地面時，牠們能辨識這個聲音的訊號並聚集在一起。蟻群中的工蟻勾掛在一起，形成一座有生命的筏子漂浮在水面上，保護裡面的女王和牠的蛋不會淹死，還會帶上幾隻雄蟻，其他的螞蟻則沉入水中。單一的螞蟻在建造筏子或是橋梁時如何做決定？什麼樣的刺激會導致採取什麼樣的方法？為什麼不是所有的螞蟻做同樣的工作？一隻行軍蟻如何知道牠應該幫忙建造橋梁，還是參加狩獵的行列比較好？

集體決策過程

我們必須假設群居的昆蟲有特定的刺激規則,讓牠們產生複雜的行為模式。那人類的情況是怎麼樣呢?我們如何做決定?自由意志扮演什麼角色?我們的全部決定不是都受到心理和個人因素影響嗎?即使在群體中也一樣嗎?集體的決定不是只通過口語和非口語的溝通、說服工作和妥協產生的嗎?我們身為一個集體沒有更聰明,因為我們身為個體已經具備了很多聰明才智?有趣的是,如果說到共識是集體行為和多數決的基礎,在某些方面我們跟魚群和螞蟻相差無幾。

首先,為了更了解動物的決策過程,庫辛用金頭鯛進行了一連串特別的實驗[53]。這些小動物有學習能力,也精於辨別顏色。庫辛訓練一組金頭鯛,讓牠們在水族箱裡一塊用黃色標記的地點找到飼料;另一組魚則訓練牠們辨識藍色。他把飼料點放在水族箱狹窄的一邊,兩點中間的距離可以調整變化。

另一端他放進一群有著不同顏色偏好的魚,「黃色」和「藍色」。例如一群魚是由五隻藍色和五隻黃色組成,或是其他不同的組合。當魚群開始尋找飼料時,每一隻魚受到兩種力量牽引:一方面,每一個個體受到偏好的飼料地點所吸引;另一方面,這些動物不想離開群體。這樣的衝突我們當然也在人群中體驗過。一開始,群體有內聚力地往飼料點的方向游去,但是之後牠們必須做出一個決定。群體很少會分開,因為留在群體的需要太大了。

當藍色和黃色的力量旗鼓相當時(喜好藍色和黃色的魚各五

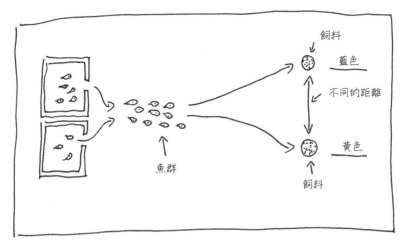

飼料

藍色

不同的距離

黃色

魚群

飼料

金頭鯛民主實驗

隻），魚群會以一個整體的形式，一起游往一個方向或是另外一個方向。有趣的是，即使在一大群魚中，只要有一隻魚所造成的力量不均衡，就會讓魚群幾乎一直做出多數決。所以當六隻偏好藍色和五隻偏好黃色的魚游在一起時，魚群的決定是藍色的，雖然魚群不會數數。

　　在一個類似的實驗中，有一種顏色偏好的金頭鯛和其他許多沒有接受過訓練，也就是「不知情的」個體一起尋找飼料，這裡當然是「知情的」領隊帶領魚群到飼料點。下列的結果很有啟發性：魚群較大時，比例上需要較少的領隊將魚群帶往正確的方向。這表示群組越大，個別領隊的影響範圍也就越大。所有這些實驗結果也都可以在數學的群體模型中如實地複製出來。模型可以準確預告觀察到的行為，雖然最後只是不同的力量在相互較勁：群體的內聚力和個體偏好的不

同方向之間的角力。

如何產生共識

　　模型也可以回答一些在實驗中不是很容易檢驗的問題。如果幾個堅持己見的強勢個體遇上有不同意見的溫和多數，會發生什麼狀況？這個問題用金頭鯛做實驗不能真的找到答案，因為我們無法將魚分成溫和或是強勢的個體，然而在模型中，我們可以將這些因素考慮進去。我們人類經常發生這種事，幾個聲音大的人主導一群意見不同的多數，並能貫徹執行他們的意志。在群體模型中，我們將少數強勢偏好藍色的魚和許多溫和偏好黃色的魚放在一起，我們真的可以觀察到，偏好藍色的魚能堅持牠們的少數意見，所以當多數是溫和的時候，魚群不會做出多數決。

　　但是當許多中立的個體加入，情況會如何演變呢？在政治學和社會學上常有這樣的說法：中立的大眾會助長喧譁的煽動者，也就是說許多人的中立態度會強化少數聲量大的人的影響力。有趣的是，電腦模型卻剛好顯示出相反的結果：如果在強勢的少數和溫和的多數之外再加上一組中立的個體，這將會讓強勢少數的影響力降低，並使群體容易做出多數決。中立個體的群組越大，群體越能有效地做出多數決。

　　曾經提到由克勞塞和他同事所做的行人人潮實驗中，已經對此提出了證明，他們將實驗擴展如下：起跑前，所有與試人員會拿到一張

有額外指示的紙條，大多數人拿到的紙條是空白的，他們只要繼續遵守基本規則，完全按照正常速度行走，盡量不要離開人群。但是少數幾個人得到一項額外的任務，他們必須往大廳邊上一個特定的佈告欄那裡走，當然不能跟其他人透露他們的目標。起跑訊號響起後，一開始人群形成著名的群體圖形，然後整個人群逐漸往目的地佈告欄的方向移動，但是不知道是誰造成的。群體被「知情的少數」牽引到相關的方向，這裡也顯示，只需要極少數的知情者就可以領導整個群體。

除此之外，還有實驗是以兩組知情的人為測試人員，但是他們的目標剛好相反。在這些實驗中，占多數的那組一直可以堅持貫徹他們的意見，但是有時候也會形成一長條的人群，把兩個不同的目標連結起來。顯然人們也有一個傾向，在完全無意識的情況下透過集體行為做出更好的決定。

現實生活中當然很少人會在體育館或是展覽大廳裡走來走去，只為了將一組人帶到角落去。因此我們會問，這些觀察和理論到底對現實情況有沒有重要性？無論如何，這些認知是重要的，它們顯示，在沒有直接或是明確地交流資訊的情況下，我們還是能做出有共識的決定。

克勞塞跟同事在一個完全不同的研究中調查，一個由專家組成的群體，在現實情況中是否能做出更好的決定，如果可以，又是在什麼條件下[54]？研究者為了這個研究，讓 140 位皮膚和乳癌專家分析評估 20000 份醫學診斷報告。如果一個小組中個別專家的診斷結果差距不大，以一個整體的小組而言，做出正確診斷的頻率在統計上比較高，

甚至明顯高於小組中最好的專家。但是如果小組內個別診斷的差距很大，小組整體的表現就會下降。所以群體做出的決定真的明顯比群組內最好的成員還要更好。

有趣的是，如果群組裡知道哪些成員享有特別高的聲響，小組的表現又會下降，因為成就較低的成員比較會追隨「領頭羊」的意見，並降低自己對群組動態的影響。

輿論的形成

所有這些認知都非常寶貴，但是忽略了一個基本要點：想法和判斷會改變。到目前為止討論過的例子中都假設一個個體對情況的判斷是恆定不變的。不論是找飼料的魚群、在人群中活動的人，還是在體育館實驗中集結成群的人們，他們的信念雖然是一個很重要的力量，但是不會改變。

可是現實生活中的情況不一樣，選民從一個政黨遊走到另一個政黨，即使是政治家也會不時改變他們的信念。如果人們集體做出決議，但是個體在過程中改變想法，可以讓事情變得很複雜，因為做出來的決議又會影響到意見的光譜；除此之外，觀點和信念當然也會透過所有參與者之間的溝通和影響互相協調。只有當我們解開意見是如何散播，如何在群組裡或是在社會上攻占一席之地的祕密，我們才能了解集體行為。為什麼 2020 年總統大選，七千萬美國人投票給川普，雖然有證據顯示他在 2016 年到 2020 年的任期當中，大約有

400 天是在高爾夫球場上度過的，而且川普還曾撒謊超過 22000 次？為什麼像匿名者 Q（QAnon）的活動和各式各樣的陰謀論，在社會上能得到迴響並且傳播開來？是哪些人際之間的互動機制導致同溫層或是回聲室的形成？兩極化、政治上極端主義和民粹主義是如何產生的？所有這些社會現象都是靠意見和信念來推動，並且是具有高度活力的過程。全世界的民粹主義和政治上兩極化的情形增加是無庸置疑的事實。2020 年的一個研究裡，經濟學家馬努爾·富恩克（Manuel Funke）、莫里茲·舒拉里克（Moritz Schularick），克里斯多夫·特雷貝施（Christoph Trebesch）調查過去 120 年裡 60 個國家的政府，並發現大約從 1980 年起，民粹主義（特別是右派民粹主義）的政府比例從 5% 增加到 25% 左右[55]。

在 2018 年另外一個研究裡，札卡里·尼爾（Zachary Neal）調查美國參議院和眾議院從 1973 年到 2016 年之間政治兩極化的情形[56]。他分析每一個法案，有哪些民主黨和共和黨的政治家參與？超越黨派界線的連結，也就是不同政黨議員合作的頻率有多少？尼爾替每一年製作了一個合作網絡，並用網絡理論的方法研究。如果把這些網絡用視覺效果表現出來可以馬上看出，從 1980 年起民主黨員和共和黨員的連結逐漸減少，目前參眾兩院在政治上已經成為兩個幾乎完全沒有交集的陣營。

是什麼原因引發這個發展，又是哪些因素助長了這項發展？通常我們會把一部分責任歸罪於社交媒體，現在幾乎所有人都能取得全部的資訊，而且不同的資訊平台滿足不同的喜好。二十年前，人

們雖然也有不同的政治想法，但是絕大多數的人只有少數幾個新聞來源，而他們從同一個資訊做出不同的結論。現在由於網路和社交媒體的發達，互相矛盾的新聞來源都強調自己的真實性，並且提供消費者那些可以鞏固自己信念的資訊，這已經是一個常態。「另一種事實」（alternative facts）成了關鍵字，這樣一來，原因和結果被混淆了，以前信念大多是從事實推衍出來，現在更多的情況是「創造事實」來滿足和鞏固信念。再加上社交媒體如臉書和推特，讓我們可以跟其他意見相同的人直接交換資訊，更助長了這樣的效應。以前得靠跟鄰居交流和議論，而且還無法選擇鄰居，現在有全世界的人可供我們尋找志同道合的人。這個論點很合理，但是我們能用定量研究證明所描述的過程嗎？輿論形成是根據什麼規則？什麼是必然的效應？什麼是主導的因素？

傳統的輿論模型

　　針對輿論的形成和真實的社交網絡（不是網際網絡）動態的研究已經有一段很長的歷史。這裡首先也是先有簡單的數學模型，跟到目前為止介紹的其他模型一樣，這些數學模型常常也是理想化和抽象的，但還是能幫助我們重現小組裡或是社會上關於意見動態的基本觀點。這裡包括意見分布的穩定性、多元意見、意見同質化、兩極化或是社會規範的來來去去。輿論模型普遍來說有一個目標，它研究針對特定主題的意見分布情況，重點不在於去解釋對於一個特別主題意見

的準確分布，而是要了解普遍性的結構，這種分布常常有一種形狀，可以很容易分類。

問卷裡常常用數值來調查對一個主題的反對或是贊同意見，例如用以下的跨距：－5，－4，－3，－2，－1，0，＋1，＋2，＋3，＋4，＋5，其中－5表示強烈反對，＋5表示強烈贊同。

在真實的問卷中，答案的分布有獨特的結構，例如，大部分的數值集中在中間的範圍，不在邊緣。如果意見調查問卷中給的答案常常

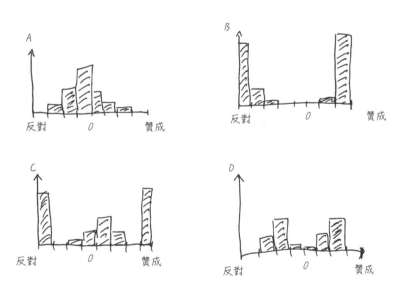

意見的分布會有不同的形狀。A：大部分的人是中立的；意見越是往一個方向走或是往另外一個方向走，就越少人主張這個意見。B：意見呈現兩極化，只有極端的意見。C：群體是由主張邊緣意見的狂熱分子和溫和的中間分子所組成。D：意見形成兩派，左派和右派，但是不極端。

都在極端的邊緣上，表示這個主題造成群眾的意見兩極化。

最有名的輿論模型是所謂的「選民」模型。湯瑪斯・利格特（Thomas Liggett）、理查・霍利（Richard Holley）兩位數學家於1975 年提出這個模型[57]。在另一個變化過的模型中，每一個人被塑造成網絡中的節點，每個節點只能有兩個意見中的其中一個，＋1 或－1、「紅」或「藍」、「左」或「右」，視人們的喜好而定。所有的節點會受到網絡中的鄰居影響。剛開始，節點會按照 50／50 原則隨機被分配到一個意見，模型的動態被定義如下：「選民」會以隨機的順序被選出來，他會接受也是隨機選出來的鄰居的意見，無論這個意見為何。

這樣的情形當然不會發生在現實生活中，然而看看什麼樣的意見結構會出現在這個系統裡還是很有趣。一段時間過去以後，網絡會形成小島結構，這些小島有統一的意見，網絡中不同意見之間的界線會產生動態，直到某個時候，因為系統內固有的偶然波動，最終會有一個意見貫徹到底。

選民模型還應該研究，是否能形成具有穩定同質意見的不同部分網絡。但是它沒有辦法解釋意見的多樣性。這個模型的擴大版是所謂的「多數」模型，在這裡，每一個網絡節點接受鄰居們的多數意見。如果隨機將這個系統初始化，一段時間後會形成具有統一意見的地區，這些範圍明顯要比選民模型的小島要穩定，但是多數模型到最後還是只剩下一個意見。

無論是在選民模型還是多數模型，意見的數量無關緊要，結果都

無論是選民或是多數模型在很短的時間內產生有同樣意見的網絡區域（黑或白）。到了某個時候只會剩下一個意見。

是一樣。選民和多數模型之所以受歡迎，是因為即使沒有電腦也可以用數學分析。現在我們可以借助電腦模擬研究複雜的數學模型。紀堯姆・德夫安特（Guillaume Deffuant）2000 年介紹了一個模型[58]，這個模型的出發點比較真實。在這個模型中，每一個意見有一個數值，介於連續的數值範圍內，例如介於 - 1 到 + 1 之間的一個數值，數值刻度兩端的數值代表極端的意見，0 代表中立的意見。舉個例子來說，數值 - 1 代表「我完全反對高速公路上的速限」，+ 1 表示強烈支持速限，0 則是對這個主題漠不關心。許多輿論主題可以用這樣的方式大略地描繪。

　　在德夫安特模型中，如果兩個意見不同的人相遇，他們會讓步取得妥協。甲的意見數值是 0.22，乙的意見數值是 0.46，平均意見數值是 0.34。甲和乙會從原本的意見往 0.34 移動，這表示他們的意見向彼此靠近。在網絡模型中，這個過程在所有相連的節點之間同時進行，而且我們不清楚整個網絡最後會呈現什麼樣的輿論狀態，因為每一個地方的意見持續在改變。除此以外，只有當兩個節點的意見差距不太大才會彼此妥協。例如 −0.41 的意見遇到 0.67 的意見，而信心區間只有 0.3，行動者不會改變他們的意見，因為他們的意見數值相差 1.08。所以這個模型的名稱是「有界信心模型」（bounded confidence model）。意見光譜中信賴能有多大的影響範圍是這個系統的參數。

　　如果我們啟動這個模型，用電腦模擬一個網絡，意見會隨機分配，數值介於 −1 到 +1 之間，短時間內就形成穩定的意見簇，簇裡面所有人的意見都相同，但是這些簇和它們內部的共識距離其他的簇相當遠，所以不會產生進一步的動態。但是我們也會發現零星的「極端主義者」，他們跟具有共識的意見相距如此遙遠，以至於他們在意見光譜中不會再移動，因為所有的鄰居以及他們的共識意見離極端主義者太遠，而且他們也不信賴溫和的節點。德夫安特的模型是第一個能生成穩定的意見小島的模型，也是第一個能解釋為什麼有孤立的極端主義者存在的模型，他們因為意見激進不會再受他人影響。但是這個模型不能解釋，為什麼一整個社會會變得激進或是兩極化。

激進化和兩極化

　　長久以來，科學家嘗試在簡單的輿論模型和擴大的德夫安特變種模型中描寫意見強烈兩極化的分布或是激進化是如何形成的，並解釋數據狀況，但是基本上這些嘗試都失敗了。直到 2018 年加州大學洛杉磯分校的數學家莊曜勵（Yao-Li Chuang）、瑪麗亞・多索妮雅（Maria R. D'Orsogna）和湯姆・周（Tom Chou）介紹了一組模型，可以成功描寫激進立場和極端主義傳播的不同面向 [59]。他們的模型也是一個數學模型，用一套輿論形成的規則來描寫動態發展，同樣是以連續性的意見光譜為基礎，每一個意見有一個介於 −1 到 +1 的數值，差別在於這個模型區分**極端意見**和**激進態度**的不同。在比較老的模型裡，位於意見光譜兩端界線的意見一直和激進的態度畫上等號。有極端意見的人，例如 0.95 或是 −0.97，在這個模型中只會被稱為狂熱者，但他們不必然是激進的人，數值小表示意見溫和適度。一個很好的例子是居住在美國中西部的艾美許人，他們是一群宗教信仰很深的人，與他人相較之下，他們的生活方式很極端。他們不用電力，沒有汽車，反對現代生活的許多面向，堅決拒絕暴力。但是艾美許人並不激進，因為他們的生活態度不是從反對和攻擊其他生活方式發展出來的，他們對想法不同的人很寬容。

　　激進的態度是 UCLA 模型中的第二個變數，它把對意見不同的人的態度或是排斥加以量化。一個虔誠、不激進的狂熱者，他的意見數值是 +1，他對無神論者沒有負面的情緒。一個立場堅定的無神論

者，意見數值是－1，他能容忍非常虔誠的人。這兩類人可以參與討論，互相傾聽。但是如果是激進的人，這主要表示，他們反對其他的意見，而且也反對主張這些意見的人。如此一來，持中立意見的人基本上來說也可以是激進的，因為他們反對所有堅定立場的人，不管是有宗教信仰抑或是沒有，無論是左派還是右派。

在 UCLA 模型中，每個個人既可以改變自己的意見，也可以改變他們的激進態度。意見的數值是介於連續光譜－1 到＋1，一個人的激進化只會用一個雙變數來描寫，激進或者不激進。激進與不激進的差別在於面對其他人意見的態度，不激進的人對其他不激進人的意見的反應是開放的，無論意見位於光譜的哪一個位置，他們可以向其他人靠近。但是他們對意見光譜上所有激進者的反應是負面的，他們的意見會更偏離激進者的位置。激進者對意見光譜上在他這一邊的人，無論他們是否激進都有正面反應，但是對另外一邊的所有人都持負面反應。

但是在這個模型中，意見的推移和激進態度是如何產生的呢？輿論環境在這裡扮演了一個關鍵性的角色。如果一個人的意見和他周圍環境的意見對立情況太嚴重，他會變得激進。但是如果周遭環境也跟自己主張同樣的意見，即不存在對立情況，即使有一點小小的意見差異也能忍受。但是當自己的意見明顯偏離社交環境時，激進化的可能性就隨之增加，這時個人會更加與周遭環境的一般意見背道而馳，並且也提高其他人意見對立的情況。激進化的可能性上升，會引發一連串激進化的表現，整個群體被兩極化，意見的多元性減少，意見光譜

上的極端意見持續增加累積。

　　從針對政治、健康、飲食、教育、宗教等等不同議題的意見光譜上，正好可以觀察到這種長期變化的過程，如果我們長時間測量兩極化、極端主義、激進態度的發展情況，它們的模式是跟隨 UCLA 模型所預測的模式。所以簡單的模型可以驚人準確地預測意見的分布，這表示，我們在形成自己意見的時候，比我們想像的更強烈地受到周遭環境其他人的直接影響，而個人的決定過程或是信念反而不是那麼重要。

同溫層和回聲室

　　但是我們要問，為什麼剛好是過去幾年間這些發展加快了腳步。這個模型只能做出間接的回答，模型的一個基本觀點是意見的對立，我們從跟我們交流的人那邊聽到不同的意見。模型裡我們接觸的圈子不會變動，但是自從網上生活和社交媒體發明了以後，這方面有很大的改變。如今，我們不僅能取得幾乎無限量的資訊來源，而且提供我們不同意見的社交結構改變的速度也更加迅速，具有更靈活的可塑性和活力。所以那些解釋為什麼現在激進化、極端主義和兩極化蓬勃發展的模型就在這個地方著手。這些模型考慮到社交網路的一個基本觀點：社交的同質性，用成語表示就是「物以類聚」，表示我們比較喜歡跟自己想法相近的人接觸。亞里士多德早在《尼各馬可倫理學》就寫到，人們愛跟自己一樣的人。至於異性相吸，對立者有可能建立長

期的關係，但是這種情況比較少。科學上的證據顯示，人們主要還是跟自己有類似或者相同意見的人交往。在社交媒體當道的時代，我們可以用定量研究很精確地掌握人們喜好社交同質性的傾向，例如我們可以研究並分析臉書或是推特網絡。

　　2011 年以學者菲利浦‧孟策（Filippo Menczer）為首的團隊研究了短訊息平台推特的數據[60]。學者們發現，政治黨派的屬性會對用戶的連結有很強烈的影響，也就是說，同一個陣營裡人與人之間的聯繫比陣營與陣營之間的聯繫還要多，情況很類似美國參眾兩院觀察到的兩極化情形。但是現在人們正透過這種新的網絡獲取資訊並互相影響。當這些社交網絡嚴重地分割成不同的意見簇時，意見和資訊的交流就會少很多，同質的同溫層產生，資訊在同溫層裡流傳，但同樣也流傳著假消息和「另類事實」。回聲室這個概念把這個結構描寫得非常好。在這個資訊網路裡，傳出來的回聲就如同人們傳進去的資訊一樣。21 世紀的資訊傳播是在社交網絡中進行的，網絡結構的變化跟資訊一樣快。我們不僅必須了解資訊是如何傳播，輿論是如何互相影響，還要了解意見光譜如何影響網絡結構。

　　早在 2006 年網絡科學家彼得‧荷蒙（Peter Holme）和馬克‧紐曼（Mark Newman）已經研發出一個簡單的動態網絡模型，可以解釋同溫層的形成過程[61]。在他們的模型裡，意見也是一個動態數值，人們會在其他意見影響下改變自己的意見，此外，人們也會改變自己的網絡結構。身為模型中的節點，他們會把跟自己意見不同的節點之間的連結移除，並與自己有相似意見的節點建立起新的連結。這個模型

可以預測兩個場景：要不整個網路會形成一個共識，要不就會形成許多同質的同溫層。同溫層裡的意見會保留下來，因為同溫層內的成員完全不會遇到其他的意見。

如果把兩個模型的結果綜合起來，應該可以得到一個結論：同質團體的形成會預防極端主義和激進態度的發展。因為根據 UCLA 模型，激進態度之所以會出現，主要是由於自身周圍環境的意見對立太嚴重，被大量其他意見環伺。我們嚮往社交的同質性，也就是我們尋求志同道合的人，單單這一個事實就說明我們對和諧有強烈的需求，我們希望受到周圍環境的尊重，需要正面的回應，並且在那裡尋求肯定。所以社交網路平台上靈活的社交連結應該能讓一個系統和平穩定。

然而如果仔細觀察社交媒體上的資訊流和結構，我們發現，雖然每個個人尋找氣味相投的人並和他們連結，但是在過程中還是會遇到其他的潮流。跟美國中西部的艾美許人不一樣，在網路上我們無法避免不愉快的刺激。臉書和推特的動態新聞讓所有人一再面對常常是激進的潮流和相互對立的其他意見，這又進一步會讓自己陣營內的連結更緊密，造成社會上的兩極化。我們常常聽到一個論點，這是因為不同陣營或是個別意見群體之間的交流討論太少，才會出現兩極化的過程，如果我們受到其他意見的衝擊則會變得比較溫和。但是實際上科學論點的說法不一樣。

2018 年的一個研究中，科學家用定量研究法調查人們面對不同意見時的反應為何 [62]。科學家詢問民主黨和共和黨選民的信念，他們

必須評斷他們對特定議題的立場。第一輪訪問結束後，一些受試者必須閱讀另外一個陣營的政治性報紙和部落格文章，然後再接受一次訪問。閱讀文章之後，他們的對立意見不僅更鞏固了，在意見光譜上的位置還更向外移動。顯然人們只有在非常非常小心溫和地暴露在不同意見的情況下，才會改變或是深究自己的意見。

　　輿論的形成、極端主義的出現、民粹主義、激進態度肯定都是複雜現象，而且有很多層面，將這個過程簡化到簡單的數學模型，把行動者描寫為沒有意志和意識，只會遵守數學規則的一分子，可能是很大膽。但是我們也得到一些刺激去思考，這些模型對被觀察到的現象做了預測或是加以描寫。這才是最關鍵的地方，這些模型很寶貴，因為它幫助我們更了解這些過程。有可能我們不是感到特別舒服，因為我們的動態就像椋鳥鳥群、魚群和行軍蟻群一樣能被準確地掌握，但是無論如何對我們了解集體中的行為有很大幫助。也許我們能從椋鳥、金頭鯛和行軍蟻身上學到些什麼，我們每個人都具備自由意志，可以決定做什麼或是不做什麼。但是身為個人的我們同時也聽從直覺的指揮，在不同情況下自動做出反應，尤其是在必須快速決定的時候，例如開車或是緊急狀況，直覺接掌了一切，因為我們沒有時間思考。做為個人我們接受並內化了這兩個元素，不少時候也用意志克服直覺的力量。集體行為的機制很細微，群體模型和輿論模型以及我們討論過的實驗結果顯示，我們在群體中的行動多半是根據自然規則和下意識的反應，也可以說是集體的直覺，這也許會讓我們有點驚訝，因為我們把集體視為可以限制個人決定自由和控制我們的外在力量。

更糟糕的想法是，我們的行為其實沒有比許多動物更高明，然而了解
某些特定的個人反射動作和直覺行為是很有用的。除此之外，藉由模
型的幫助，我們更能掌握集體的下意識反應，讓集體不會無法挽回地
走向災難，而且模型的功能還在於善加利用集體智慧的優點，例如我
們可以將團隊或是機構的組織重新架構，不讓少數團體或是無能的領
導人來做錯誤的決定，而是在扁平化的階級或是在網絡裡找到更好的
途徑，並往更聰明的方向發展。

合作

在坐牢中可以學會了解自己的腸道菌群

生命不是靠戰鬥征服了行星，而是靠網絡。

——琳・馬古利斯（Lynn Margulis, 1938-2012）

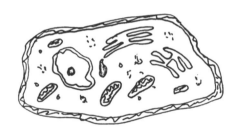

　　1981 年夏季，當時我 12 歲，第一次去挪威，跟童子軍一起去的，為期兩個星期的休閒之旅是一年一度眾所皆知的高潮。我們教區的牧師孔拉德・富蘭策（Konrad Frenzel）安排了這次旅行，大約有 20 個青少年和 3 個成人一起乘坐三輛福斯小巴士前往北方，打算在野外度過兩個星期。那裡放眼所及只有河流和森林，沒有其他人、沒有建築物、沒有電也沒有廁所。取而代之的是潮濕的睡袋和蚊蟲叮咬的痕跡。富蘭策非常聰明有魅力，當時大概 40 歲左右，他最大的特點是盡心盡力為小孩子和青少年服務。如果我必須列舉影響我後來發展最重要的五個人，富蘭策先生必定名列其中。這次挪威旅行到目前為

止絕對是我生命中的高潮之一,直到多年以後我才了解在這趟旅程當中學到了什麼。

活動中有「求生」這個項目,有意願的人可以參加。求生團隊被放到離營地大約 20 公里的地方,有一張地圖和一個指南針可以幫我們找到回來的路。太陽下山的時候,我們搭起營地,然後富蘭策先生跟我們講鬼故事。我有一個任務,是跟另外一個男孩尋找木材,這項收集行動教了我如何與人合作。雖然另外一個男孩和我不對頭,但是我們兩個人都很害怕,所以很高興能一起解任務。

對群體動物而言,合作行動有附加價值。在〈集體行為〉那一章裡我們看到,螞蟻和鳥如何在群體中解決問題或是避開危險。但是這有一點不同,在集體行為中許多相似的個體按照特定的規則互動,集體效應會必然而且自動產生。

那個男孩和我,兩個基本上不同的個體,卻直接以複雜的社交方式合作。每個個人(親戚、熟人、朋友或是陌生人)之間的合作關係可以非常複雜和多樣。我們人類是社會靈長類動物,如何分享資訊會受到個體的關係很大的影響,也就是受到個人關係背景的影響。我們可以說,智人(*Homo sapiens*)的特點正是我們複雜的溝通和合作方式。我們當然知道,其他靈長類,例如黑猩猩或是大猩猩,或者是海豚和鯨魚,也以不同的形式進行類似複雜的溝通和合作。然而,根據一般的估計,在溝通和合作這個範疇,我們人類這個物種使其他所有物種相形見絀。我們甚至馴化了動物和植物,並和他們溝通合作。我們跟家裡的寵物說話,讓小麥成為全世界最成功且散布最廣的植物。

文化、文明、科技發展、法律和國家制度，基本上是人類複雜的合作和溝通的產物。若從這個有點膚淺的觀點來看或許可以導出一個結論，智人是在合作方面進化最高的生物形式。但這不是事實。

　　與野生動物相較，這個詮釋會得到佐證。電視上的大自然紀錄片常常把焦點放在爭奪資源上，當蒼鷹獵殺田鼠，鱷魚將非洲牛羚撕碎成塊，或者蜘蛛把昆蟲毒死時，紀錄片報導每個物種是如何聰明地適應牠的環境，生存競爭是如何艱難，大自然又是如何地殘酷。母蜘蛛把交配伴侶吃掉的行為讓我們毛骨悚然，吃和被吃是大自然的概念，大型動物吃小型動物，「雄性動物」爭取「雌性動物」的青睞，強者獲勝並且得到繁衍後代的機會。

　　大家還在討論植物到底是運用哪種技巧爭取更多的日光，這些故

大吃小

事很典型：一切都是競爭。我們很少報導不同物種之間的共生關係，例如授粉昆蟲如蜜蜂和蝴蝶與植物的關係，植物提供昆蟲食物，牠們幫植物繁衍做為回報，或是以清除鱷魚和河馬嘴裡寄生蟲維生的鳥類，這是一個明顯的雙贏局面。共生和互惠的生活（一種自由的共生形式，用彼此的優點互惠）被當成自然界中的附帶現象和特殊的變種。

達爾文

　　一直到現在，我們描寫大自然或者物種之間交互作用的方式，主要都和達爾文進化論相關，也受到 19 世紀中期到 20 世紀末期影響我們思考的大自然概念所影響。1859 年達爾文出版了著名的《物種起源》[63]，奠定進化生物學這門科目，也改革了科學。歷史上最重要的科學家排名榜上，達爾文不少時候排名第一。

　　查爾斯‧達爾文（Charles Darwin, 1809-1882）經常旅行。1831年，年方 22 歲的他乘坐小獵犬號（HMS Beagle）航海，在五年的時間裡環遊世界一圈，期間停留了很多地方，包括巴西、智利、巴塔哥尼亞、紐西蘭、澳洲。所到之處他用異常敏銳的眼光觀察大自然，早在旅途當中就已經發展了進化論的基本原理。從觀察中，特別是透過不同動物和植物種類的詳細比較，他得到一個結論，我們可以用兩個基本的機制來解釋物種的起源和多樣性：變種和天擇。他假設，物種本身的一些特徵偶然從一代變化到下一代。如果一個變異具有優勢，因為它更能適應外在環境，例如讓動物覓食更容易，這項特徵

就會自動被選取，而具備這項特徵的動物就會有更多後代。「適者生存」（Survival of the Fittest）是達爾文常被引用的句子，沒有其他句子像這個句子一樣在達爾文過世後幾十年被錯誤地詮釋和濫用。「適者」是演化論裡最重要的一個概念，它不是描寫一個個體或是一個物種有多強壯、快速、有力，而是能多「適應」外在的條件。但是達爾文那時還不能回答，生物特徵和它的變異是如何產生並傳遞給下一代。

大約在同一時間，奧地利神父葛利格・孟德爾（Gregor Mendel, 1822-1884）正在進行第一個豌豆植物特徵遺傳的對照實驗，並發現了相關的基本數學規則。也許你在生物課堂上也必須學習孟德爾定律。直到遺傳學和達爾文的進化論結合以後，進化論才在 20 世紀初完全奠定了地位，讓我們對大自然和物種多樣性的了解有了長足的進步。

達爾文進化論不只是因為成功解釋物種的生成和發展而得以在學術界占一席之地，他的理論也因為運用在 19 世紀下半和 20 世紀初的社交、社會、政治環境裡而備受歡迎。概念如生存鬥爭、資源鬥爭、競爭、競賽和「適者生存」，在維多利亞女王時代得到英國社會菁英特別多的共鳴。1922 年，英國擴張的最盛期，全世界大約有四分之一的人口和四分之一的土地屬於英國。他們用強者的權利讓白種人的優越感和帝國殖民主義合法化，同時也將達爾文進化論原理的錯誤詮釋應用在資本主義爆炸式的發展上。19 世紀末期社會達爾文主義發展成最受歡迎的社會理論，給種族主義、帝國主義、國家主義和法西斯主義提供了理論基礎。

達爾文的自然科學進化論和 20 世紀初社會經濟以及政治理想緊

密地交織在一起，也可以在一個地方看出來，那個時期少數幾個最重要的進化生物學家和理論家是激烈的優生學者和種族主義者。例如卡爾‧皮爾森（Karl Pearson, 1857-1936），他是數學統計學的發明人，也是在倫敦大學學院創立全世界第一所統計研究所的創立人。他一方面是社會主義者、自由思想家和英國君主政體的基本反對者，另一方面是優生學者，致力維護純粹的「珍貴」種族，把社會達爾文主義運用在國家層面上。基本上，他是國家社會主義者。皮爾森的一位朋友是英國的自然科學家法蘭斯‧高爾頓（Francis Galton, 1822-1911），他是優生學、種族優生學的創立者，一個立場堅定的種族主義者。順便一提，高爾頓是達爾文的表兄弟，他認為人類的種族應該經由淘汰來優化。現在倫敦還有一個研究所是以他命名。另外一個例子是群體遺傳學的創立者和統計學者羅納德‧費雪（Ronald Fisher, 1890-1962），費雪同樣也是優生學者，主張替「劣等」的人結紮，即使在二次世界大戰後，他還是繼續主張這個論點。他在一份給德國醫生和種族優生學家歐特瑪‧封‧菲舒爾男爵（Otmar Freiherr von Verschuer）的意見報告和支持信上寫道：「我毫不懷疑，納粹真誠地嘗試為德意志民族服務，特別是透過消滅不良個體的措施。我任何時候都會支持這樣的運動。」[64]

　　將「生存鬥爭」的原則移轉到個人、種族、民族和國家的競爭上，以及對「適者生存」這個概念扭曲錯誤的詮釋，將這個思想模型深深植根於自然科學、經濟科學以及社會科學中。很可惜直到目前，社會許多層面上仍可以聽到這種思想的迴響，特別讓人惋惜的是，達

爾文本身早已經看出這些原則並不完善，他知道這些概念不足以解釋不同的自然進程。

　　儘管達爾文也寧可把大自然詮釋為一個競技場，但是他意識到，特徵的轉變和自然選擇不足以解釋例如物種間共生互惠的現象。另外，這個理論也不能提出理由解釋，為什麼進化傾向於跳躍式而不是漸進式。達爾文知道，天擇原則不僅影響單一個體，也會影響物種全體。社會性昆蟲如蜜蜂和蟻群，個體在裡面顯然微不足道，牠們的行為讓人費疑猜。除此之外，進化論用簡單的規則「適者生存」也不能解釋龐大的物種多樣性；它反而讓人預期物種多樣性會減少。社會達爾文主義者故意忽略一點，達爾文的進化論最多只是一個接近事實的理論。

　　傳統達爾文進化論的基礎有一個很大的弱點，他是在靜止不變動的環境中觀察特徵的轉變和自然選擇。我們在〈轉捩點〉那一章看到，動物和植物種類在真實的生態系統中緊密連結，所以一個物種特徵的改變都會影響到其他物種特徵的適應性，並因此改變外在的條件。在一個網絡中，不能單獨觀察一個網路節點的改變，網絡沒有邊緣，所以也沒有「裡面」和「外面」，整個網絡受控於進化的機制。斯圖亞特・考夫曼的「所有的進化都是共同進化」（All evolution is coevolution）把這個事實考慮進去了。我們可以假設，達爾文有意識到這一點，並且把他理論的基本機制詮釋為一個簡化了的近似事實的理論。達爾文進化論的擴大內容認為，適應和選擇不是只發生在物種內部，而是透過物種彼此之間的關係發生的。

　　達爾文為了他的結論，只觀察了大自然中一小部分，他一連串的論點是根據人們在「大型」動物和植物上觀察到的現象，但是達爾文沒有觀察到整個微生物世界。如果我們還記得，微生物的物種多樣性（細菌和古菌）大約比所有植物和動物多了十萬倍，所以達爾文的理論植基於所有生命形態裡的一個邊緣群體。

細菌

　　既然剛才提到微生物：在達爾文那個年代，除了進化論以外，還有另外一個科學分支蓬勃發展：微生物學。由於顯微鏡越來越精良，人們第一次可以研究肉眼看不到的生命形態。科學家了解到，所有的生命都是由細胞組成，細胞集合在一起形成有機體，不論是人類、動物、植物還是真菌。當時的一個核心發現是，不同有機體的細胞從內部結構來說都很相似，這包括細胞核（之後人們確定細胞核內含有遺傳物質）和其他細胞器，這是有明確範圍的內部細胞結構，它們在細胞進行生化過程時扮演一個角色。除此之外，人們在 19 世紀末也已確定，非常多的生命形態保留單細胞的形式，而放棄多細胞集合體。這些單細胞動物裡面也有不同的變種，它們的細胞結構跟植物和動物細胞相近。纖毛蟲、草履蟲和其他完美的小型有機體被稱為原生生物。因為所有動物、植物、真菌和原生生物都有一個細胞核，所以人們稱這種生命型態為真核生物（Eukaryoten）。

　　但是人們也發現為數眾多的單細胞生物，它們的體積更小，也沒

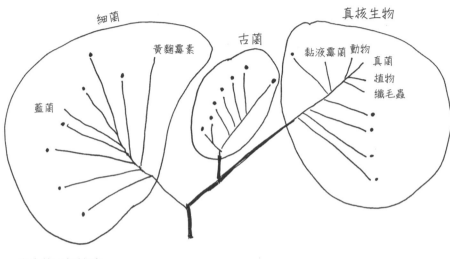

生命的三個範疇

有複雜的內部結構：細菌和古菌。剛開始的時候，人們並沒有區分這兩者，直到很久以後人們才確定，細菌和古菌在進化的過程中很早就走上不同的道路，雖然表面看起來很相似，但是差異很大。

現代微生物學和細菌學的創立者羅伯特‧科赫（Rober Koch, 1843-1910）和路易‧巴斯德（Louis Pasteur, 1822-1895）致力於細菌研究。科赫能在他最重要的發現中證明，細菌可以在人體和動物身上引發疾病。1876 年他培養並描寫炭疽病病原體（Bacillus anthracis），之後還發現了肺結核的病原體，並仔細研究病原體的傳播途徑。當時這些發現是科學界一項重大突破。直到 1900 年一共確認了 21 種細菌性的疾病病原體，並能在實驗室中培養出這些細菌來。現代醫院環境

衛生的發展要感謝科赫和巴斯德的研究，由於他們的知識讓我們能採取更好的預防措施，給予病人更有效的治療，也由於許多病原體能在實驗室中培養出來，讓研發醫藥如抗生素的路程更加平坦。科赫和巴斯德的貢獻讓醫學、微生物學和流行病學有巨大的進步。

　　但是就跟達爾文的進化論一樣，某些簡化的因素也進駐到一般常識中，並扭曲了正確的全貌。科赫的研究工作替細菌蒙上一層很糟糕的觀感，影響至今，當我們一聽到「細菌」，首先就會聯想到疾病的病原體和病菌。科赫大力散播了這個主要訊息。

　　實際上，致病性，也就是讓我們人類或是其他動物生病的能力，實屬於少數。反而，沒有細菌我們人類會生病，細菌對所有動物和植物而言是生存必需的。美國著名的微生物學家艾利歐·謝克特（Elio

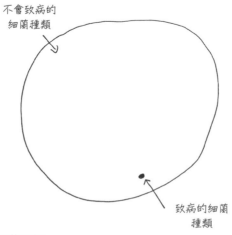

致病和不致病的細菌種類

Schaechter）曾經說過：「細菌會引起疾病；但是如果我們在人類的生命中賦予病理學上的細菌一個主要的角色，那就是以人為本位，跟主張地球是宇宙中心一樣。」「細菌」和「疾病」的聯想是這麼強烈地深植在我們的思想中，以至於致病和不致病細菌種類間的比例常常被完全誤判。

2017 年羅伯特・科赫研究所內的新博物館開幕，我是「傳染病建模」計劃小組的組長，參與設計一些展覽品。當所有的東西都布置完成以後，還有一大面牆是空白的。我建議在牆上畫兩個圓圈，圓圈的面積各象徵已知的致病細菌以及不致病的細菌種類。這面牆上現在可以看到一個直徑兩公尺的圓圈（不致病細菌）和一個大頭針大小的圓圈，它代表致病的病原體，即使是羅伯特・科赫研究所的一些同事也對這個大小對比感到訝異。

共生體：所有較高生命形態的起源

巴斯特以及科赫的成就掩蓋了一個事實，在同一時間，其他的科學家也在發展另類的觀點和詮釋，直到如今他們才在現代進化論和微生物學中再度得到更多的重視。俄國微生物學家謝爾蓋・維諾格拉茲基（Sergei Winogradsky, 1856-1953）和荷蘭的植物學家馬丁努斯・拜耶林克（Martinus Beijerinck, 1851-1931）研究細菌在生態系統的角色。他們想找出不同細菌在自然環境中如何主導新陳代謝過程，並且與彼此交互作用，例如這些細菌如何結合土壤內的氮氣並加以處理，以及

和其他細菌或者植物互動。當科赫把細菌當成引起一種疾病的病原體加以思考時,維諾格拉茲基和拜耶林克將細菌視為一個更大整體內的重要元素,是生態新陳代謝過程中的重要行動者。這兩種看法有衝突,20 世紀初,科赫這一派因為在實務上的重要成就得以貫徹他們的主張。

俄國微生物學家們和進化論者更強調整體和共生的機制,20 世紀初期俄國的微生物學界透過這個微生物觀點發展出了內共生體理論和共生體學說。共生體學說描寫兩個不同的有機體融合成為新的有機體。康斯坦丁·梅列施科夫斯基(Konstantin Mereschkowski, 1855-1921)於 1905 年發表了一個理論,他認為動物、植物、真菌以及原生生物,也就是所有的真核生物,以前是由不同細菌的原始有機體融合後產生而成。實際上,真核生物的一些細胞器讓人想到細菌的結構,例如每個細胞中有粒線體,跟立克次氏體屬微生物(Rickettsien)中一個特定種類的細菌很相似。這個種類下的物種也以細胞內的寄生物形式出現,它們像細菌一樣有細胞壁,自己的染色體,也就是自己的遺傳物質,它們供應細胞能源。植物額外還有葉綠素,這是一個小細胞器,可以進行光合作用。葉綠素的形狀也會讓人想起進行光合作用的細胞,所謂的藍菌能將光源變成能量,葉綠素也有自己的遺傳物質。儘管梅列施科夫斯基當時對遺傳物質仍無所悉,他提出一個論點,在只有細菌和古菌居住在世界上的時候,某個時候一個古菌吞噬了另外一個細菌,然後這個共生聯盟繼續這樣生存下去,並奠定下更高級有機體的基礎。

　　這個共生體的理論當時並沒有受到太多的重視。大約在 60 年以後，美國生物學家和進化論者琳‧馬古利斯（Lynn Margulis）重拾這個理論。在一個 1967 年成名的研究裡，她把共生體稱為真核生物源起的一個核心機制。有一些生物學家把這個過程定位為地球上生命進化中最重要的過程，而馬古利斯提供了有跡可循的理論。

　　馬古利斯在許多方面可說是科學界裡的奇葩，科學史學家揚‧薩普（Jan Sapp）形容得很貼切：「馬古利斯之於共生，就如同達爾文之於進化。」馬古利斯屬於 1960 年代末期第一批科學家，他們認出共生關係、互惠關係以及不同有機體的緊密合作和交互作用是大自然裡的主要原則。因此馬古利斯形成了一個跟古典新達爾文主義者如理查‧道金斯（Richard Dawkins）和約翰‧梅納德（John Maynard）相對的對立端，新達爾文主義者將焦點放在個人以及古典思想「適者生存」，生存鬥爭以及物種間資源爭奪上。道金斯針對這個主題最有名的書《自私的基因》（The Selfish Gene）證明了這一點。在馬古利斯 29 歲，發表劃時代的內共生體學說之前，許多專業雜誌拒絕為其出版，因為她的想法太有革命性。還要等到幾十年後，基因排序的新科技發現粒線體和葉綠素有自己的遺傳物質後，馬古利斯的理論才勝利，得到證明。針對不同微生物交互作用的無數研究報告裡，她提出越來越多的證據，顯示大自然中合作和共生的關係，尤其是在微生物的宇宙裡是常態而不是例外。馬古利斯和道金斯的公開辯論為人津津樂道。有一回道金斯問道：「為什麼，看在老天爺的份上，你要強調共生體學說？它是如此的複雜又不經濟。」馬古利斯回答：「因為它就在那

裡。」這一小段交流顯示兩個人截然不同的觀點，那一邊的道金斯是一個理論的熱血捍衛者，只考慮所有能支持他理論的經驗證據，忽略與他相反的證據。這一邊是一個首先非常冷靜觀察的科學家，確定存在的事實，然後才發展出一套理論來解釋這個情況。

　　叛逆的馬古利斯和新達爾文主義者辯論的內容，不僅只針對共生體是所有較高生命形態的起源。按照馬古利斯的想法，往合作和共生跳躍的這一步正是進化過程中的一個基本要件。她的理論證明，因為物種間產生新的連結，整個系統的運作突然完全改變，不再是單一元素平行獨立，漸進地演化。這樣一來，達爾文曾經提出的疑問之一得到了部分的解答。達爾文的理論只能解釋單一物種漸進的改變，不能解釋全新的構造或者特徵的產生。馬古利斯主張，透過物種之間產生的新關係和新交互作用，例如互相合作的共生體或是互惠關係，會產生新系統；共生體學說只是一個例子。馬古利斯認為，生命是透過產生新的，大部分是正面的合作關係來征服世界，但是這些合作關係大部分是在微生物的層面進行，因此在宏觀生物學的層面上常常容易被忽略。

與微生物合作

　　你一定知道苔蘚，它們長在石頭和岩石上，從淡綠色到深綠色都有，有時候呈紅鐵鏽色的斑點。大部分的人認為苔蘚是一種植物種類，因為它常常是綠色的。事實上它一種非比尋常的生命型態，是不

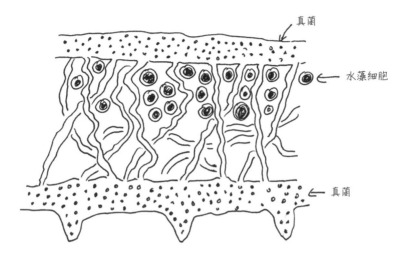

真菌

水藻細胞

真菌

苔蘚的構造

同有機體的生命聯盟。

　　大約 5% 的地球表面被苔蘚覆蓋，它們到處都能生長，但是一般來說長得非常非常緩慢，大部分的苔蘚每年只生長一毫米，但是它們可以活得很久，屬於長壽的生物之一，有一些標本介於 4500 歲到 8500 歲。典型的苔蘚是由一種真菌類和一種水藻或是藍菌類組合而成，水藻或是藍菌藉由光合作用提供有機體聯盟能量。真菌不是植物，自己不能進行光合作用，真菌提供水藻保護和優良的條件給合作的有機體，這是典型的互惠關係。有趣的是，聯盟的成員也可以單獨生存，也就是不組合成苔蘚，而是以另一種完全不同的型態生存，所以苔蘚只是一種可選擇的有機體形態。苔蘚的外觀、形式、結構和形

態取決於哪一個真菌種類和哪一個水藻結盟生存在一起。這個現象很有趣，因為苔蘚在表型上形成一個整體有機體，所以變異和選擇的進化機制不再只是對個別的真菌或是水藻種類發生作用，而是直接對有機體聯盟產生影響。

　　這正是馬古利斯說，大自然不是靠競爭而是靠合作征服世界的想法，合作的原則已經遠遠超過了一個簡單的雙贏情況，透過合作產生了一整個新的有機體，進化的動態過程中出現了一個新行動者。人們早在 1970 年代已經知道苔蘚是共生的有機體，但是它們被視為例外現象，是大自然的一個變種。

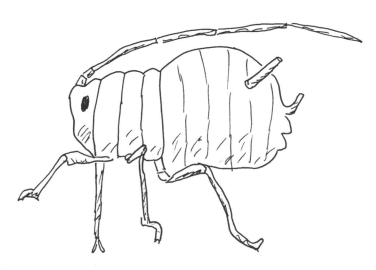

蚜蟲

全生物

　　但是逐漸有更多有機體合作的結合被發現，尤其是介於較高等動物和植物與微生物之間的合作關係。目前人們知道，沒有一個動物或者植物種類可以在沒有與微生物合作的情況下生存，沒有任何一個。每個植物、每個動物在身體裡面或表面上都有微生物，它們對整個有機體的生存和適應不可或缺。我在〈轉捩點〉那一章曾經簡短提到，我們的消化系統、咽喉和皮膚上就有幾千個不同的細胞種類生存。不過在這點上我們人類並不突出，目前微生物基因體（microbiome）這個概念，也就是在我們體內或是體表上所有微生物的整體，已經成為日常用語之一。人類血液中超過 30% 的物質不是由人類自己製造的，而是由生活在體內的細菌製造的。一個人，如前所述，由將近一百兆細胞組成，消化系統裡又生活了同樣多的細菌的細胞，也許更多。如果單單按照細胞的數目來說，我們有同樣多的人類細胞和細菌。

　　所有生物與微生物在有機體內的合作關係非常多樣，在大部分脊椎動物的消化系統裡面，它們形成靈活的生態系統，例如它們可以適應宿主的飲食習慣。我們可以把微生物稱為可以調節的附加器官。微生物與其他物種的合作關係則非常特別，我們就拿普通的（但是很有趣）碗豆蚜蟲（Acyrthosiphon pisum）為例子。人們在牠們體內發現了大約 80 種特殊的身體細胞，也就是所謂的細菌細胞（Bacteriocyte）。如果在顯微鏡下仔細觀察這些細菌細胞，

可以在裡面發現很小的細菌，被稱為蚜蟲初級內共生菌（Buchnera aphidicola）。在僅有的 80 個細菌細胞內最多可以生活到五百萬個細菌，這些細菌在細胞裡面做什麼？它們幫助蚜蟲新陳代謝，例如它們會繼續加工處理糖分子和氨基酸，蚜蟲把這些任務交給了細胞內的細菌。這些內共生的細菌會經由母蚜蟲下的卵傳遞給下一代，早從一億到三億年前開始，很長的一段時間，在暴龍居住在地球以前，幾乎是地球歷史上出現複雜生物後的一半時間。碗豆蚜蟲和體內共生菌的夥伴關係真的非常非常持久牢固，這段合作關係是如此漫長而緊密，以至於體內共生菌目前已經失去或是進化去掉了自己遺傳物質的一大部分，因為這個細菌種類一直窩居在蚜蟲宿主的細胞內，並在這裡繁殖，很多它們原本在宿主細胞體外生存所需要的基因現在已經不必要了，體內共生菌的基因組是所有生物最小基因組當中的一個。

　　另外一個有著美麗名字威格爾斯沃思氏菌屬（Wigglesworthia glossinidia）的細菌種類生活在嗤嗤蠅的細菌細胞內，嗤嗤蠅同樣也為自己發現了有效共生的價值。還有無數其他的昆蟲種類把內共生的細菌當成「寵物」一樣，其中包括廚房蟑螂。也有其他的動物有著令人著迷的共生體，例如名字叫 Symsagittifera roscoffensis 的小蠕蟲，這類蠕蟲在出生的時候有一張「嘴」，但是沒有整套的消化系統，這也許會讓人覺得奇怪。這些蠕蟲的幼蟲吃微藻，微藻會直接爬進蠕蟲的表皮下面，並在那裡繁衍定居。當這些蠕蟲長大後，牠們的嘴會消失，一生不再直接進食，因為從現在開始，進行光合作用的微藻會供應能

量和養分。

最後一個例子特別有趣，耳烏賊（Euprymna scolopes）的身體只有 3 公分長，有許多天敵，牠們想出了一個特別聰明的方法保護自己。為了在夜晚月光下不會投射出陰影讓獵食魚類注意到，所以烏賊自己發光。有機體發光的能力不是來自烏賊本身，而是來自會發光的細菌種類費氏弧菌（Aliivibrio fischeri）。烏賊誕生的時候，身上還沒有細菌進駐，烏賊是通過一個很複雜的過程從環境中吸收細菌，然後一個只有這個細菌能通過的通道把它們輸送到發光器官，烏賊供應這個器官內細菌營養，讓它們繁殖。每天早上大約有 90% 的細菌又被釋放到生活環境中，好讓其他新生的烏賊也能得到這些細菌。跟昆蟲細胞內的細菌不一樣，費氏弧菌跟烏賊的合作關係比較鬆散。

我們在這裡還可以描述許多有趣的共生體合作關係，因為大自然無論在哪裡，所有的生命形式都跟微生物世界一起合作互相協調，沒有例外。其實這也不足為奇，因為細菌和古菌早在幾億年前就已經居住在世界上，比第一批複雜的多細胞生物還早出現。科學家史考特・吉爾伯特（Scott Gilbert）、揚・薩普和阿爾佛雷德・陶博（Alfred Tauber）在一個針對這個主題的重要科學論文的標題上，將我們對生物詮釋的轉折點做了一個結論：「以共生體的角度看生命，我們從來不是單獨的個體。」（A symbiotic view of life：We have never been individuals[65]）。鑒於所有較高等的生命形式毫無例外都會和微生物結合，我們必須假設，大約 5 億年前複雜生物形成時，與微生物組成的共生體就已經存在了。我們從來就不是單獨的個體。這個結論對進化

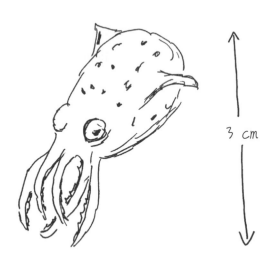

3 cm

耳烏賊

論的影響深遠，因為古典進化論對自然現象的觀察，基本上跟個體以及其適應性的原則相關。但是個人主義概念顯然至多是粗略接近現實的一個嘗試而已。

　　與微生物的交互作用對幾乎所有較高等的生命形式是生命必需的，人類許多慢性疾病是微生物基因體功能失調所引起的，所有反芻動物和草食性動物基本上都依賴消化系統內的細菌，它們是分解纖維素時的要件，能將纖維素分解成較小的分子成分。實驗室裡完全無菌培養出來的老鼠（並不是很容易），也就是說牠們身上沒有微生物基因體，死得很早。有一些研究顯示，鄉下長大的孩子在大自然中比較常接觸到多樣的微生物，「髒東西」，他們比較少出現過敏的情形。

許多哺乳類動物的排泄器官和產道的位置相離不遠，這樣嬰兒在出生的時候就可以馬上「感染」到重要的腸道細菌，並讓細菌進駐到體內。

如果我們在思想上踏出了鬆綁個人原則的這一步，那進化的整個過程就必須重新思考。馬古利斯在 1991 年為了生物結合這個現象，也就是宿主有機體和所屬的微生物結合的整體，提出了「全生物」（Holobiont）這個概念（希臘文 holo ＝全部，bios ＝生命）。如此來看，大自然選擇了一個全生物，表示它主要選擇的是行動者之間的關係，而不是單一的元素。我們不能再把物種隔離開來個別看待，必須從網絡中看其結構和複雜性。但是馬古利斯全生物概念的構想更普及，並不侷限在微生物和較高等動物或是植物間的合作關係上。我在〈轉振點〉那章描寫的生態網絡中，個別物種是透過複雜關係連結在一起。

馬古利斯和生物物理學家詹姆士‧勒夫洛克（James Lovelock）在 1970 年代中期將這個概念應用到整個生物圈，並提出蓋亞假說（Gaia-Hypothese）。根據這項假說，地球上的生物圈是一個可以自我調節的系統，透過交互作用的機制產生對進化過程和穩定發展的優良條件。為了展示這個理論基礎的合理性，勒夫洛克和安德魯‧華生（Andrew Watson）在 1983 年一起研發了電腦模擬的雛菊世界（Daisyworld）[66]。

在一個假設的行星上，只有兩種雛菊在那裡繁衍：一種開白花，另一種開深色的花。淺色的花反射較多日光，能降低周圍環境的溫度；深色的花吸收較多的日光，會提高周圍環境的溫度。模擬中逐漸提高日光照射，這代表外在環境的逐漸改變。首先只有深色的花成

雛菊世界

長，因為它吸收日光讓周圍產生一個溫暖的微氣候，有利於它的生長。但是這也對長在深色花附近溫暖環境裡的白花有利，它們也很茂盛，如此一來，在深色花和淺色花之間產生了一個平衡。但是如果日照還是逐漸增強，雛菊世界的溫度也會持續升高，直到外在條件對兩種雛菊不利，因為周遭環境的溫度太高了，花朵開始凋謝，但是深色的雛菊凋謝得比較快，因為它還會繼續讓附近的空氣升溫；同一時間，白花會冷卻附近的溫度，白色的品種因而會繁殖得更多，並讓地

表的溫度再度大幅下降，這又改善了深色品種的外在條件。透過這種非直接合作的效應，兩個品種不只都存活下來，也調節了地表溫度維持在恆常，儘管日照的強度逐漸在改變中。跟馬古利斯的共生體學說一樣，蓋亞假說一直以來備受爭論，即使它已經受到不同經驗結果的支持。有趣的是，有越來越多例子顯示，群落生境（Biotope）具有調節氣候的作用，而且過去幾年中，蓋亞假說又再度受到氣候科學家和生態學家的歡迎。

進化博弈理論

　　大自然中合作效應的普遍性和多樣性、共生體和互惠主義「只」是經驗上的事實，它們在社會、經濟或者政治過程上扮演了什麼角色，可以先暫且擱置一邊。就像所有複雜系統一樣，我們需要一個理論或是一個模型，能以同樣的方式來描寫進化生物上和社會上的過程，也就是說這個理論可以解釋合作關係的核心：為什麼以及在哪種條件下合作關係會形成並保持穩定，而且在面對以對抗和競爭為基礎的系統時，還能貫徹實現合作關係。

　　1950 年代中期幾個非常有聲望的科學家構思一個理論架構，做為合作或非合作策略的統一理論。這時期最重要的人物之一是約翰・梅納德・史密斯（John Maynard Smith, 1920-2004），他是一個進化生物學家，採用經濟學上的想法來了解進化的過程。他被視為進化博弈論的創立者。簡略描寫一下，就是嘗試將自然或是社會過程視為行動者

之間的博弈形式，每一個參與者在博弈中採取不同的策略，讓自己的利益極大化或是自己的損失極小化。從示範性的例子上我們最容易理解這個理論，例如著名的囚徒困境。

　　兩個嫌犯，讓我們說是甲和乙兩個人，他們被逮捕，警方懷疑兩人一起犯下兩項罪行，一個較輕的罪行和一個嚴重的罪行，只有較輕的罪行警方握有足夠的證據。警察分開審訊兩名嫌犯，如果兩個人都沉默，沒有證據可以證明他們犯下嚴重的罪行，兩人會因較輕的罪行判一年的徒刑。如果甲供出乙，並承認兩項罪行，而乙還是保持沉默，則甲因為跟警方合作（汙點證人規定）完全不會坐牢（零年的徒刑），乙則會因為兩條罪行被判三年徒刑。如果甲和乙互相出賣對方承認犯案，兩人均會獲得兩年的徒刑。所以甲和乙必須仔細考量如何應對。就算他們假設另外一個人會沉默，最好還是出賣對方，但是另外一個人也是這麼想。如果我們為這個案例寫下數學公式，結果顯示認罪，也就是背叛另外一個人的策略比較好。雖然這樣兩個人都會得到兩年的徒刑，比他們合作隱瞞要多出一年的刑期。從個人的角度而言，合作並不是最好的策略，但是對兩個人來說優點最大。人們把這種效應成為大眾的悲劇。

　　大部分這類型的模型都將合作描寫為一種需要較多投資的行動，也就是說要付出成本。然而只有當所有人一起合作時才可以得到高的報酬，但是這個報酬又必須跟大家平均分配。背叛者，也就是不合作的人，不會負擔合作的成本，但是能分得報酬。所以從策略上來說他們一直都具有優勢。

　　另外一個模型把這個情況展示得更清楚。請你想像，一個有十個人的團體一起存錢，然後把錢投資在有高收益的地方。我們說，每個人可以（匿名）把 100 歐元放進撲滿裡，裡面的金額會拿來投資，最後成長 500%，收益會分給所有參與者。如果所有人都一起合作，付進去的金額是 1000 歐元，拿回來的金額是 5000 歐元，每個人可分得 500 歐元，所以淨利是 400 歐元。但是如果只有八個人付了錢，兩個背叛者沒有把錢放到撲滿裡，最後是十個人平分 4000 歐元。誠實的儲蓄者得到的利潤是 300 歐元，而背叛者的利潤是 400 歐元，因為他們沒有付錢。如果每個人都採取自私的策略，越來越少人會把錢放進撲滿裡，直到最後沒有人投資獲利。

　　進化博弈理論會被用來解釋不同進化過程的一個基礎，尤其是用來描寫大自然中使用不同策略的競爭情形，進而支持新達爾文主義的理論。但是一個理論必須一直能解釋觀察到的現象，如果這個理論做不到，就算我們乾脆忽略掉不合理論的觀察，也不會讓這個理論更正確。因為大自然中不同生命形式間的合作是常態，不是例外。因此，一個不能掌握普遍要件的理論到底有多好，是令人懷疑的。

　　實際上，許多針對合作關係形成的理論研究都把焦點放在擴充博弈理論上。克里斯多夫・郝爾特（Christoph Hauert）、希薇亞・杜蒙（Silvia De Monte）、約瑟夫・霍夫鮑爾（Josef Hofbauer）和卡爾・席克蒙德（Karl Sigmund）發展出了一個非常有意思的模型[67]，剛才描寫的模型就是他們的基礎，許多人一起投資金錢然後平分所得。之前的模型參與者只有兩個可能性：放錢到撲滿裡（合作）或是

不放錢（背叛）。在擴充的模型中有第三個選項：就是不參加遊戲，用自己的力量投資，但是只能獲得少量利潤。跟一個沒有背叛者的團體相比，獨行俠的獲利比較差。但是如果團體中背叛者的數目增加，導致每個人的獲利越來越少，對個人來說，在某個時間點離開這個團體，選擇獨行俠的策略是有意義的，然後這個團體會繼續萎縮，過大比例的利潤落入背叛者的口袋裡。最後，整個群體趨向穩定，群體中的背叛者、獨行俠以及一小組的合作者維持一個穩定的平衡。有選擇不參加合作關係的可能性讓合作關係穩定。同樣也可能會發生的情形是，合作者、背叛者和獨行俠在群體中輪流取得主導地位。例如剛開始所有的人合作，然後背叛者的人數慢慢增加，最後大家採取獨行俠策略，直到所有背叛者消失，而合作再度有利可圖為止。問題當然是這個簡單的數學模型是否也能正確地描寫現實情況。

進化生物學家狄克・塞曼（Dirk Semmann）、數學家漢斯－尤根・克拉姆貝克（Hans-Jürgen Krambeck）和內陸水域研究學者曼費德・米林斯基（Manfred Milinski）研究了這個問題。他們在一個實驗中，讓 280 個大學新生複製了這個模型遊戲。每一場遊戲學生可以投資 10 歐元，匿名採取這三個策略。幾場遊戲下來，科學家真的可以測量到不同策略的循環交替[68]。

整個情形讓人想起苔蘚，這個由真菌和水藻合作而成的有機體，以及細菌和動物之間的互惠關係，這種關係常常可以自由選擇。「自願」這個標準看起來非常重要，除了合作外還有其他的可能可以選擇。如果我們被強迫合作，最後只有背叛者會生存下去。

因為合作在生物和社會系統裡是一個重要的元素，所以我們可以假設，為了穩定合作關係有不同的機制被發展出來。1998 年馬丁‧諾瓦克（Martin Nowak）和席克蒙德發表的模型中展示了一個簡單而有趣的機制[69]，基礎是一群不同的模型人，他們可以給彼此一些幫助。例如甲可以支持乙，這項協助讓甲產生費用，但是給乙帶來好處。我們假設，乙所得到的好處大於甲的費用。那麼所有人互相幫助是有道理的，因為對所有人的整體好處大於整體成本。如果一個人還是決定不幫助其他人，但是自己一直接受別人的幫助，這個人只會得到好處而不用負擔成本。這又會導致最後沒有人願意幫助別人，形成大眾的悲劇。

諾瓦克和席克蒙德在他們的模型中又添加了另一個數值。每個人具備一個所有人都看得到的個人形象，這個形象可能是正面的或是負面的。當我們幫助其他人，這個形象會成長，如果我們不幫助別的人，這個數值會下降。每個個人可以採取不同的策略，例如一直保持樂於助人的態度，不管接受幫助的人形象為何，或者只幫助那些形象數值高的人。分析結果顯示，一個有差別對待的合作策略最後得到勝利，也就那些只幫助有正面形象的人（那些過去也曾經幫助過其他人的人）。在實驗期間，模型的群體也經歷了循環，合作階段跟不合作的階段輪流交替。

不久這個模型的擴充版就由阿儂‧羅騰（Arnon Lotem）、米歇爾‧費雪曼（Michael A. Fishman）和雷威‧史東（Lewi Stone）提出[70]。他們考慮到群體中也會有些人，他們雖然想幫忙，但是基於某

個理由不能幫別人的忙。有趣的是，那些必須依賴其他人幫助，但是自己無法幫助別人的人，長期下來可以穩定群體中的合作關係。

到目前為止，越來越多的進化理論家、社會學家以及經濟學者研究合作現象。然而所有常見的模型一直還是以個人主義的概念為基礎，視個人為基本「可進化的整體」，具有個人特徵、個人的適應性、個人的成本或者個人的利益。至今，還沒有出現不帶「個人主義」概念，並且能說服人的合作理論。但是微生物學中認知到關於合作和網絡、關於全生物、共生體以及互惠關係是從生命開端就存在並且起穩定作用的元素，提供我們另類的觀點和新的思考基礎，因為它們把新達爾文主義的基本原則、競賽、抗爭和個人主義邊緣化了。一小群但是逐漸增多的科學家們運用這些思考基礎，研發一個比較協調的進化論理論基礎。如果我們了解，大自然中的關係是根據什麼原則來變化和選擇，也許在未來，從這些新的思考模型中也能導出對實際社會問題的答案。一百年來，新達爾文主義和社會達爾文主義互相滋養，衍生出致命的生活和經濟形式：失控的成長、壟斷的企業、制式化以及多樣化的消失。也許現在正是時候，從大自然最成功的**合作**策略中學習，並將它接收到在社會和社交的結構上。

頭球怪物

我們可以從尼安德塔人和藍菌身上學到的東西

> 曼尼[71] 外腳背觸球，我用頭——進球！
>
> ——霍斯特・赫魯貝斯（Horst Hrubesch）

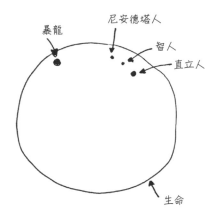

　　四萬年前尼安德塔人絕種了。我小時候學到，尼安德塔人是現代人的前身，是從類人猿發展出來的猿人。肌肉發達，有點笨。動作粗獷，不會說話，毛髮濃密，皮膚黝黑（我們曾經報導過老白種人理論中對種族的扭曲），裸體或者最多圍著一片腰布。反正就是一個猿人。

　　現在我們知道尼安德塔人是人屬（Homo）下面跟現代人不同的人種，但是就人類特性而言，幾乎各方面都跟我們不相上下。早在我

們出現之前很久，他們就生活在歐洲和亞洲。尼安德塔人會說話，他們埋葬死者，以集體的方式有技巧地狩獵，能製作工具、狩獵武器以及藝術。他們用火，穿著自己縫製的衣服。他們的腦容量比現代人較大。突出的眉骨是辨別尼安德塔人的特徵，應該算是那個時代的一種潮流，因為當時的「現代」人也有突出的眉骨，直到後來，這個外觀上的特徵才被進化掉。另外，尼安德塔人的皮膚色素可能比克羅馬儂人（Cro-Magnon）要來得淺，克羅馬儂人是第一批從非洲遷徙到歐洲群聚的現代人，是我們的祖先。

　　尼安德塔人和現代人在歐洲比鄰而居，一起生活了大約4000年，還不只如此，顯然尼安德塔人（Homo neanderthalensis）和智人（Homo sapiens）偶爾也會超越人種的界線繾綣在一起，因為現代活著的歐洲人和亞洲人的基因裡面還有尼安德塔人明顯的蹤跡。他們2.5%的遺傳物質還延續在我們體內，這對尼安德塔人種也許是一個小小的安慰。他們在地球上短暫地生存了十萬年左右，最後多多少少是無聲無息地消失在地球上。現在還沒有清楚地證明，尼安德塔人是否被現代人排擠。比較可能的情況是，他們繁衍後代的速度太慢，而且來回遷徙太頻繁。直到今天都缺乏他們跟現代人直接衝突的證據。從人種的角度來看，尼安德塔人的消失當然是一個悲劇。從整個人屬的觀點來看，他們最後的代表是人，當然也是一個悲劇。直立人（Homo erectus）、佛羅勒斯人（Homo floresiensis）、海德堡人（Homo heidelbergensis）、匠人（Homo ergaster），以及人屬下少數不同的人種，除了直立人以外，其他人種出現的時間都很短。從我

們行星的角度來看絕對不是悲劇。 地球的年齡大約有四十五億四千萬年，從三十七億年前它就活著，有一些科學家假設，甚至早在四十二億年前，我們的星球上就已經有生命。如果我們把地球歷史濃縮成一部九十分鐘的電影，尼安德塔人出場時間大約只有十分之一秒，比眨眼的時間還短。在過去四十億年間，生物圈裡產生了難以想像的豐富生命，地球歷史上至少99.9%的物種已經絕種了，單單過去五億年間，地球經歷了五次極端的物種大滅絕。它有不同的冰河時期和溫暖時期，一些科學家假設，直到六億年前，地球幾乎完全被冰層覆蓋了兩億年之久（雪球地球），但是生命還是存活了下來。

　　大約二十五億年前，地球雖然已經活了差不多十億年，但是地球上沒有一個生物需要氧氣。實際上一直到藍菌的先驅者，一個微小的單細胞生物才開始透過光合作用製造大量的廢棄物氧氣，直到大氣層中的氧氣比現在還多。因為當時氧氣對大多數的生命形式具有毒性，導致當時物種大量滅亡（所謂的氧氣大災難）。但是到現在還有藍菌，而且不少。其中藍菌的一個種類原綠球藻（Prochlorococcus marinus）是個體最多的生命形態，同時製造我們大氣層中基本的氧氣量，根據估計介於13%到50%之間。你每兩次的呼吸中，就有一口是呼吸到原綠球藻製造的氧氣。原綠球藻單細胞在大洋中生存了幾十億年，但是直到1992年才被發現並被描寫下來（這個物種的單一細胞非常非常微小）。

　　我們可以從尼安德塔人和藍菌身上學到什麼呢？第一點可以學到，身為人屬的一員，並不一定表示我們這個物種適合在這個行星上

生存特別長的時間。人屬在進化上屬於邊緣現象，它的物種通常傾向
於出現時間很短。第二點我們必須知道，智人不是唯一一個可以大規
模永久不可逆地改變全球環境的生命形式，只是與其他物種相較之
下，我們能在較短的時間內改變全球環境，而跟藍菌不一樣的是，我
們極有可能無法在改變後的環境中生存下來。如果現在知道我們對地
球上的生命真的毫無意義，那麼也就比較能了解，克服當前危機（氣
候危機、數據化的後果、全球化、生物多樣性的消失、金融和經濟危
機、人口膨脹以及飢荒）的主要目的是：拯救我們這個可笑的物種。

　　從實際考量來看目前我們辦不到。喜歡足球的人知道這種感覺，
好像自己心愛的足球隊在 90 分鐘比賽後的傷停時間以 0:3 落後，而自
己卻無能為力，只能眼睜睜看著。其實我們可以回家或是把電視機關
上，但是心中還燃著一點希望。小時候我很喜歡看足球比賽，我還記
得 1980 年歐洲足球盃的決賽，德國隊跟比利時隊爭奪冠軍，我也記
得霍斯特・赫魯貝斯。第 88 分鐘的時候比數是 1:1。我當時十歲，受
不了緊張的賽事，我跑回我房間躺在高架床上，握緊拳頭閉上眼睛，
然後聽到我父母從客廳傳來的歡呼聲。赫魯貝斯用頭槌進一球讓比數
成為 2:1。「曼尼外腳背觸球，我用頭——進球！」大概是他最有名的
一句話。我只記得童年裡少數極度純真歡樂的時刻，這是其中之一，
它讓我在挪威當童子軍的體驗以及克萊維希特橫渡消防水塘的回憶相
形失色。有趣的是，我一直把希望放在赫魯貝斯身上，而他從來沒讓
我失望過。

　　儘管情況對人類來說實屬絕望、事實讓人擔憂、政治上的冷淡、

許多人荒誕地扭曲事實、集體精神焦躁不安、獨裁者，以及我們再度倖免於難的機會微乎其微，我還抱有一絲希望，跟小時候一樣。很可惜複雜學和這本書不能提供拯救人類的操作說明，但是或許能提供一套工具，幫助我們理解災難中的模式，考慮危機中的規則，接受並了解不同的觀點、所有東西之間的關聯：跨領域思考、找出核心機制、避免受困於細節、認出現象與現象間的連結路線、從相似處學習，因為只有相似處可以互相連結，從相異處無法推演出任何結論，我們只能確定和列舉出相異處。

也許我們還有一個機會，如果所有人都能夠更赫魯貝斯一點。赫魯貝斯是一個不自私自利、有團隊精神的球員，他的表現因為跟其他人**合作**而增色。球場上他是團隊，一個由球員組成的**複雜網絡**中的一部分，他在**集體行為**中特別有效率。樸實無華、謙遜、安靜但偉大。要說誰能夠處理**危急的臨界**情況，那就是赫魯貝斯。他能夠**扭轉**已經看似輸了的球賽。赫魯貝斯使盡全力縱身一躍，可以說幾乎一直用頭來對抗落後的局面。我們現在也必須這樣做，跟赫魯貝斯一樣，對抗問題和危機，投身進去，並運用我們的頭腦，即使問題讓我們頭疼，而且就像隊友曼尼可以踢曲球一樣，我們有時候也必須繞個彎思考，看到我們也許不曾預料到的關係，在思想上從側翼進攻，最後扭轉整個情勢。

注釋

感謝 Westend 出版社同意本書刊登琳・馬古利斯《共生行星》（Lynn Margulis, *Der symbiotische Planet*）摘文。

1. May, R. M., Levin, S. A. & Sugihara, G. Ecology for bankers. *Nature* 451, 893-894 (2008).
2. Hufnagel, L., Brockmann, D. & Geisel, T. Forecast and control of epidemics in a globalized world. *PNAS* 101, 15 124-15 129 (2004).
3. May, R. M. & Lloyd, A. L. Infection dynamics on scale-free networks. *Phys. Rev. E* 64, 066112 (2001).
4. May, R. M. Simple mathematical models with very complicated dynamics. *Nature* 261, 459-467 (1976).
5. Dietz, K. & Heesterbeek, J. A. P. Daniel Bernoulli's epidemiological model revisited. *Mathematical Biosciences* 180, 1-21 (2002).
6. Kermack, W. O., McKendrick, A. G. & Walker, G. T. A contribution to the mathematical theory of epidemics. *Proceedings of the Royal Society of London. Series A, Containing Papers of a Mathematical and Physical Character* 115, 700-721 (1927).
7. Huygens, C. *Oeuvres completes de Christiaan Huygens. Publiees par la Societe hollandaise des sciences*. 1-644 (M. Nijhoff, 1888).
8. Elton, C. & Nicholson, M. The Ten-Year Cycle in Numbers of the Lynx in Canada. *Journal of Animal Ecology* 11, 215-244 (1942).
9. Buck, J. & Buck, E. Synchronous Fireflies. *Scientific American* 234, 74-85 (1976).

10. Cooley, J. R. & Marshall, D. C. Sexual Signaling in Periodical Cicadas, Magicicada spp. (Hemiptera: Cicadidae). *Behaviour* 138, 827-855 (2001).

11. Neda, Z., Ravasz, E., Brechet, Y., Vicsek, T. & Barabasi, A.-L. The sound of many hands clapping. *Nature* 403, 849-850 (2000).

12. Saavedra, S., Hagerty, K. & Uzzi, B. Synchronicity, instant messaging, and performance among financial traders. *PNAS* 108, 5296-5301 (2011).

13. Anderson, R. M., Grenfell, B. T. & May, R. M. Oscillatory fluctuations in the incidence of infectious disease and the impact of vaccination: time series analysis. *J Hyg (Lond)* 93, 587-608 (1984).

14. Grenfell, B. T., Bjornstad, O. N. & Kappey, J. Travelling waves and spatial hierarchies in measles epidemics. *Nature* 414, 716-723 (2001).

15. Acebron, J. A., Bonilla, L. L., Perez Vicente, C. J., Ritort, F. & Spigler, R. The Kuramoto model: A simple paradigm for synchronization phenomena. *Rev. Mod. Phys.* 77, 137-185 (2005).

16. Strogatz, S. H., Abrams, D. M., McRobie, A., Eckhardt, B. & Ott, E. Theoretical mechanics: crowd synchrony on the Millennium Bridge. *Nature* 438, 43-44 (2005).

17. Albert, R., Jeong, H. & Barabasi, A.-L. Diameter of the World-Wide Web. *Nature* 401, 130-131 (1999).

18. Ugander, J., Karrer, B., Backstrom, L. & Marlow, C. The Anatomy of the Facebook Social Graph. *arXiv:1111.4503* (2011).

19. Lusseau, D. *et al.* The bottlenose dolphin community of Doubtful Sound features a large proportion of long-lasting associations. *Behav Ecol Sociobiol* 54, 396-405 (2003).

20. Stopczynski, A. *et al.* Measuring Large-Scale Social Networks with High Resolution. *PLOS ONE* 9, e95978 (2014).

21. Kumpula, J. M., Onnela, J.-P., Saramaki, J., Kaski, K. & Kertesz, J.

Emergence of Communities in Weighted Networks. *Phys. Rev. Lett.* 99, 228701 (2007).

22. Barabasi, A.-L. & Albert, R. Emergence of Scaling in Random Networks. *Science* 286, 509-512 (1999).

23. Liljeros, F., Edling, C. R. & Amaral, L. A. N. Sexual networks: implications for the transmission of sexually transmitted infections. *Microbes and Infection* 5, 189-196 (2003).

24. Boguna, M., Pastor-Satorras, R. & Vespignani, A. Absence of Epidemic Threshold in Scale-Free Networks with Degree Correlations. *Phys. Rev. Lett.* 90, 028701 (2003).

25. Cohen, R., Havlin, S. & ben-Avraham, D. Efficient Immunization Strategies for Computer Networks and Populations. *Phys. Rev. Lett.* 91, 247901 (2003).

26. 見注 6。

27. Bak, P., Tang, C. & Wiesenfeld, K. Self-organized criticality: An explanation of the 1/f noise. *Phys. Rev. Lett.* 59, 381-384 (1987).

28. Drossel, B. & Schwabl, F. Self-organized critical forest-fire model. *Phys. Rev. Lett.* 69, 1629-1632 (1992).

29. Eldredge, N. & Gould, S. Punctuated Equilibria: An Alternative to Phyletic Gradualism. *Models in Paleobiology* vol. 82, 82-115 (1971).

30. Bak, P. & Sneppen, K. Punctuated equilibrium and criticality in a simple model of evolution. *Phys. Rev. Lett.* 71, 4083-4086 (1993).

31. Clauset, A., Young, M. & Gleditsch, K. S. On the Frequency of Severe Terrorist Events. *Journal of Conflict Resolution* 51, 58-87 (2007).

32. Waddington, C. H. *Organisers and genes.* Cambridge (1940).

33. Kauffman, S. Homeostasis and Differentiation in Random Genetic Control Networks. *Nature* 224, 177-178 (1969).

34. Zilber-Rosenberg, I. & Rosenberg, E. Role of microorganisms in the evolution of animals and plants: the hologenome theory of evolution. *FEMS Microbiology Reviews* 32, 723-735 (2008).

35. May, R. M. *Stability and complexity in model ecosystems.* (Princeton University Press, 2001).

36. May, R. M. Thresholds and breakpoints in ecosystems with a multiplicity of stable states. *Nature* 269, 471-477 (1977).

37. Scheffer, M. *et al.* Early-warning signals for critical transitions. *Nature* 461, 53-59 (2009).

38. Scheffer, M., Carpenter, S., Foley, J. A., Folke, C. & Walker, B. Catastrophic shifts in ecosystems. *Nature* 413, 591-596 (2001).

39. Lenton, T. M. *et al.* Tipping elements in the Earth's climate system. *PNAS* 105, 1786-1793 (2008).

40. Alley, R. B., Marotzke, J., Nordhaus, W. D., Overpeck, J. T., Peteet, D. M., Pielke Jr., R. A., Pierrehumbert, R. T., Rhines, P. B., Stocker, T. F., Talley, L. D. & Wallace, J. M., Abrupt Climate Change. *Science* 299, 2005-2010 (2003)

41. Dakos, V. *et al.* Slowing down as an early warning signal for abrupt climate change. *PNAS* 105, 14 308-14 312 (2008).

42. Centola, D., Becker, J., Brackbill, D. & Baronchelli, A. Experimental evidence for tipping points in social convention. *Science* 360, 1116-1119 (2018).

43. Davidovic, S. *The ecology of financial markets.* (Dissertation, Humboldt-Universitat zu Berlin, Lebenswissenschaftliche Fakultat, 2016).

44. Bascompte, J. Structure and Dynamics of Ecological Networks. *Science* 329, 765-766 (2010).

45. Vicsek, T., Czirok, A., Ben-Jacob, E., Cohen, I. & Shochet, O. Novel Type

of Phase Transition in a System of Self-Driven Particles. *Phys. Rev. Lett.* 75, 1226-1229 (1995).

46. Couzin, I. D., Krause, J., James, R., Ruxton, G. D. & Franks, N. R. Collective Memory and Spatial Sorting in Animal Groups. *Journal of Theoretical Biology* 218, 1-11 (2002).

47. Rosenthal, S. B., Twomey, C. R., Hartnett, A. T., Wu, H. S. & Couzin, I. D. Revealing the hidden networks of interaction in mobile animal groups allows prediction of complex behavioral contagion. *Proc Natl Acad Sci USA* 112, 4690-4695 (2015).

48. Ballerini, M. *et al.* Interaction ruling animal collective behavior depends on topological rather than metric distance: Evidence from a field study. *Proc Natl Acad Sci USA* 105, 1232-1237 (2008).

49. Helbing, D. & Molnar, P. Social force model for pedestrian dynamics. *Phys. Rev. E* 51, 4282-4286 (1995).

50. Helbing, D., Johansson, A. & Al-Abideen, H. Z. Dynamics of crowd disasters: An empirical study. *Phys. Rev. E* 75, 046109 (2007).

51. Helbing, D., Farkas, I. & Vicsek, T. Simulating dynamical features of escape panic. *Nature* 407, 487-490 (2000).

52. Couzin, I. D. & Franks, N. R. Self-organized lane formation and optimized traffic flow in army ants. *Proceedings of the Royal Society of London. Series B: Biological Sciences* 270, 139-146 (2003).

53. Couzin, I. D. *et al.* Uninformed Individuals Promote Democratic Consensus in Animal Groups. *Science* 334, 1578-1580 (2011).

54. Kurvers, R. H. J. M. *et al.* Boosting medical diagnostics by pooling independent judgments. *PNAS* 113, 8777-8782 (2016).

55. Funke, M., Schularick, M. & Trebesch, C. *Populist Leaders and the Economy.* https://papers.ssrn.com/abstract=3723597 (2020).

56. Neal, Z. P. A sign of the times? Weak and strong polarization in the U. S. Congress, 1973–2016. *Social Networks* 60, 103-112 (2020).

57. Holley, R. A. & Liggett, T. M. Ergodic Theorems for Weakly Interacting Infinite Systems and the Voter Model. *The Annals of Probability* 3, 643-663 (1975).

58. Deffuant, G., Neau, D., Amblard, F. & Weisbuch, G. Mixing beliefs among interacting agents. *Advs. Complex Syst.* 03, 87-98 (2000).

59. Chuang, Y.-L., D'Orsogna, M. R. & Chou, T. A bistable belief dynamics model for radicalization within sectarian conflict. *Quart. Appl. Math.* 75, 19-37 (2016).

60. Conover, M. *et al*. Political Polarization on Twitter. *ICWSM* 5, (2011).

61. Holme, P. & Newman, M. E. J. Nonequilibrium phase transition in the coevolution of networks and opinions. *Phys. Rev. E* 74, 056108 (2006).

62. Bail, C. A. *et al*. Exposure to opposing views on social media can increase political polarization. *Proc Natl Acad Sci USA* 115, 9216-9221 (2018).

63. Darwin, C. *On the Origin of Species by Means of Natural Selection.* (Murray, 1859).

64. Weiss, S. F. After the Fall: Political Whitewashing, Professional Posturing, and Personal Refashioning in the Postwar Career of Otmar Freiherr von Verschuer. *Isis* 101, 722-758 (2010).

65. Gilbert, S. F., Sapp, J. & Tauber, A. I. A symbiotic view of life: we have never been individuals. *Q Rev Biol* 87, 325-341 (2012).

66. Watson, A. J. & Lovelock, J. E. Biological homeostasis of the global environment: the parable of Daisyworld. *Tellus B: Chemical and Physical Meteorology* 35, 284-289 (1983).

67. Hauert, C., Monte, S. D., Hofbauer, J. & Sigmund, K. Volunteering as Red Queen Mechanism for Cooperation in Public Goods Games. *Science* 296,

1129-1132 (2002).

68. Semmann, D., Krambeck, H.-J. & Milinski, M. Volunteering leads to rock-paper-scissors dynamics in a public goods game. *Nature* 425, 390-393 (2003).

69. Nowak, M. A. & Sigmund, K. Evolution of indirect reciprocity by image scoring. *Nature* 393, 573-577 (1998).

70. Lotem, A., Fishman, M. A. & Stone, L. Evolution of cooperation between individuals. *Nature* 400, 226-227 (1999).

71. 赫魯貝斯隊友曼佛雷德・卡爾茲（Manfred Kaltz）的暱稱。

相關書目

　　已有許多書籍探討本書談論的主題、現象和概念。如果你想進一步了解，在此列出一份我極力推薦的迷你書單。

Per Bak, *How Nature Works: The Science of Self-Organized Criticality*, Copernicus, 240 Seiten (1999)

Albert-Laszlo Barabasi, *Linked: How Everything Is Connected to Everything Else and What It Means for Business, Science, and Everyday Life*, Basic Books, 304 Seiten (2014)

David Epstein, *Range: How Generalists Triumph in a Specialized World*, Macmillan, 368 Seiten (2020)

Stuart Kauffman, *The Origins of Order: Self-Organization and Selection in Evolution*, Oxford University Press, 732 Seiten (1993)

Bernhard Kegel, *Die Herrscher der Welt: Wie Mikroben unser Leben bestimmen*, DuMont, 384 Seiten (2016)

Lynn Margulis, *Der Symbiotische Planet oder Wie die Evolution wirklich verlief*, Westend Verlag, 208 Seiten (2018)

Melanie Mitchell, *Complexity - A guided tour*, Oxford University Press, 366 Seiten (2011)

Eugene Rosenberg & Ilana Zilber-Rosenberg, *The hologenome concept: Human, Animal and Plant Microbiota*, Springer, 191 Seiten (2014)

Steven Strogatz, *Synchron: Vom ratselhaften Rhythmus der Natur*, Berlin Verlag, 464 Seiten (2003)

國家圖書館出版品預行編目資料

世界的模型：從複雜系統觀看自然與社會的運作，建構理解世界的新
邏輯/迪克.柏克曼(Dirk Brockmann)著；彭意梅譯. -- 初版. -- 臺北市：
商周出版：英屬蓋曼群島商家庭傳媒股份有限公司城邦分公司發行，
2023.08
  面；　　公分. -- (生活視野；36)
  譯自：Im Wald vor lauter Bäumen : Unsere komplexe Welt besser
    verstehen.
  ISBN 978-626-318-570-8 (平裝)

  1.CST: 社會學 2.CST: 文集

540.7   112000158

世界的模型——從複雜系統觀看自然與社會的運作，建構理解世界的新邏輯
Im Wald vor lauter Bäumen: Unsere komplexe Welt besser verstehen

作　　　者／迪克‧柏克曼Dirk Brockmann
譯　　　者／彭意梅
責 任 編 輯／余筱嵐

版　　　權／林易萱、吳亭儀
行 銷 業 務／林秀津、周佑潔、賴正祐
總　編　輯／程鳳儀
總　經　理／彭之琬
事業群總經理／黃淑貞
發　行　人／何飛鵬
法 律 顧 問／元禾法律事務所　王子文律師
出　　　版／商周出版
　　　　　　台北市104民生東路二段141號9樓
　　　　　　電話：(02) 25007008　傳真：(02)25007759
　　　　　　E-mail：bwp.service@cite.com.tw
　　　　　　Blog：http://bwp25007008.pixnet.net/blog
發　　　行／英屬蓋曼群島商家庭傳媒股份有限公司 城邦分公司
　　　　　　台北市中山區民生東路二段141號2樓
　　　　　　書虫客服服務專線：02-25007718；25007719
　　　　　　服務時間：週一至週五上午09:30-12:00；下午13:30-17:00
　　　　　　24小時傳真專線：02-25001990；25001991
　　　　　　劃撥帳號：19863813；戶名：書虫股份有限公司
　　　　　　讀者服務信箱：service@readingclub.com.tw
　　　　　　城邦讀書花園：www.cite.com.tw
香港發行所／城邦（香港）出版集團有限公司
　　　　　　香港灣仔駱克道193號東超商業中心1樓；E-mail：hkcite@biznetvigator.com
　　　　　　電話：(852) 25086231　傳真：(852) 25789337
馬新發行所／城邦（馬新）出版集團 Cite (M) Sdn. Bhd.
　　　　　　41, Jalan Radin Anum, Bandar Baru Sri Petaling, 57000 Kuala Lumpur, Malaysia.
　　　　　　Tel: (603) 90563833 Fax: (603) 90576622 Email: service@cite.my

封 面 設 計／李東記
排　　　版／芯澤有限公司
印　　　刷／韋懋印刷事業有限公司
總　經　銷／聯合發行股份有限公司
　　　　　　電話：(02)2917-8022　傳真：(02)2911-0053
　　　　　　地址：新北市231新店區寶橋路235巷6弄6號2樓

■2023年8月29日初版
定價450元

Printed in Taiwan

城邦讀書花園
www.cite.com.tw

104　台北市民生東路二段141號2樓

英屬蓋曼群島商家庭傳媒股份有限公司城邦分公司　收

- -

請沿虛線對摺，謝謝！

書號：BH2036	書名：世界的模型	編碼：

讀者回函卡

線上版讀者回函卡

感謝您購買我們出版的書籍！請費心填寫此回函卡，我們將不定期寄上城邦集團最新的出版訊息。

姓名：＿＿＿＿＿＿＿＿＿＿＿＿＿＿＿＿＿＿＿＿＿＿ 性別：□男 □女

生日：西元＿＿＿＿＿＿＿＿年＿＿＿＿＿＿月＿＿＿＿＿＿日

地址：＿＿＿＿＿＿＿＿＿＿＿＿＿＿＿＿＿＿＿＿＿＿＿＿＿＿＿＿＿

聯絡電話：＿＿＿＿＿＿＿＿＿＿＿＿ 傳真：＿＿＿＿＿＿＿＿＿＿

E-mail：

學歷：□ 1. 小學 □ 2. 國中 □ 3. 高中 □ 4. 大學 □ 5. 研究所以上

職業：□ 1. 學生 □ 2. 軍公教 □ 3. 服務 □ 4. 金融 □ 5. 製造 □ 6. 資訊

□ 7. 傳播 □ 8. 自由業 □ 9. 農漁牧 □ 10. 家管 □ 11. 退休

□ 12. 其他＿＿＿＿＿＿＿＿＿＿＿＿＿＿＿＿＿＿＿＿＿＿＿

您從何種方式得知本書消息？

□ 1. 書店 □ 2. 網路 □ 3. 報紙 □ 4. 雜誌 □ 5. 廣播 □ 6. 電視

□ 7. 親友推薦 □ 8. 其他＿＿＿＿＿＿＿＿＿＿＿＿＿＿＿＿

您通常以何種方式購書？

□ 1. 書店 □ 2. 網路 □ 3. 傳真訂購 □ 4. 郵局劃撥 □ 5. 其他＿＿＿＿＿

您喜歡閱讀那些類別的書籍？

□ 1. 財經商業 □ 2. 自然科學 □ 3. 歷史 □ 4. 法律 □ 5. 文學

□ 6. 休閒旅遊 □ 7. 小說 □ 8. 人物傳記 □ 9. 生活、勵志 □ 10. 其他

對我們的建議：＿＿＿＿＿＿＿＿＿＿＿＿＿＿＿＿＿＿＿＿＿＿＿＿

＿＿＿＿＿＿＿＿＿＿＿＿＿＿＿＿＿＿＿＿＿＿＿＿＿＿＿＿＿＿＿＿＿

＿＿＿＿＿＿＿＿＿＿＿＿＿＿＿＿＿＿＿＿＿＿＿＿＿＿＿＿＿＿＿＿＿